第2版

1冊でわかる!
経理のテレワーク

原幹［著］

業務プロセス別に問題点と対処法を解説!

請求・支払 » 給与計算 » 取引登録・月次処理 » 決算処理（単体・連結） » 監査対応 » 税務申告 » 開示書類の作成

中央経済社

第２版まえがき

2020年に日本で最初の「緊急事態宣言」が発出されてから約１年半が経過しました。その間，私たちの社会は新型コロナウイルスの猛威を受けて甚大なダメージを受け，今日に至っています。

2021年初めに緊急事態宣言が再び発出され，（３月から４月にかけて一時的に解除された時期はあったものの）その期間は約９カ月に及びましたが，感染者数の急拡大を押しとどめることは叶いませんでした。一方で，グローバルなレベルでワクチンの開発が急速に進められ，日本国内でも2021年６月ごろからワクチン接種者数が着実に伸び，感染拡大が徐々に収束に向かっていったこと，そのために医療従事者をはじめ多くの人々による努力と献身が行われていたことは，改めて記憶にとどめたいところです。

本書の執筆時点では，日本国内の新規感染者数も大幅に減少してウイルス感染は収束の傾向を見せ始めています。しかし，新たな変異株の脅威が社会にどのような影響を及ぼしうるのかについてまでは完全に予測しきれておらず，再度感染者数が増加する国が出てくるなど，向こう数年先の見通しは決して明るくないと考えざるを得ない状況です。

コロナ禍は，我々の生活にどのような影響をもたらしたでしょうか。日常的に距離をとること（ソーシャル・ディスタンシング（Social Distancing））やマスクを常時着用することを前提とした行動様式が当たり前になりました。また，会社や学校に毎日行くことがなくなり，家庭で過ごす時間が増えていったことも大きな変化といえそうです。結果として，「自宅」「職場」「学校」などのそれぞれの場所での時間の使い方が大きく変わったことでしょう。これまで職場にいる時間が多かった人も，家族で過ごす時間の貴重さをより実感できるようになったかもしれません。

また，我々の仕事にはどのような影響をもたらしたでしょうか。出勤自粛の要請を受けて満員電車での通勤は回避するようになり，代わってテレワークを積極的に導入した企業が増えました。リモート環境で働くことに最初は戸惑いながらも徐々にテレワークは浸透していきました。現段階では感染拡大が収束したことを受けて，オフィスへ出社する形態に戻した企業もみられるようになりました。

出社によらず業務を遂行するスタイルとして「テレワーク」が多くの企業で採用され，テレワークと出社を併用したオフィスの風景はすっかり珍しいものではなくなりました。一方で，緊急避難的な対応としてテレワークを導入した企業において，想定よりも業務効率が上がらないことにストレスを感じているケースも散見されます。従業員にとって「目の前に人がいない」状態で仕事をすることで新たなストレスが生まれることも知見が蓄積されていきました。

「テレワーク」は，コロナ禍における「徒花」のようなものとして徐々にたち消えてしまうのか，それとも新たな時代の就業スタイルとして，今後スタンダードになっていくのか。どうなるかはわかりません。しかし確実にいえるのは，このスタイルで働くことの利便性や快適さを多くの人々が「知ってしまった」ことで，テレワークを完全に捨ててオフィス出社型に回帰するという選択肢をとる企業は今後少数派にとどまるであろうということです。実際のところ，転職市場において「テレワーク勤務」に対応している企業の求人に対して応募が集中している状況からもそれは明らかな傾向といえます。

もちろん現場に行かなければ成立しない職務は多いので，すべてがテレワークを前提に組み立てられることはありません。しかし，経理業務に代表されるバックオフィス業務においては，テレワークで完結できる環境を作り上げることは工夫次第で可能であると筆者は考えます。

本書が経理財務領域におけるテレワークのあるべき姿について，実務を踏まえた具体的な知見を提供する１冊になればと考えています。本書が多くの企業のテレワーク推進に貢献し，読者の皆さんのワーク・ライフ・バランスの確立のきっかけになれば，これほどうれしいことはありません。

なお，改訂版の刊行にあたって，本文について全体的に見直しを行うとともに，2021年に行われた電子帳簿保存法の最新改正内容や2023年に開始されるインボイス制度の概要について解説を追加しました。また，巻末には電子帳簿保存法に対応した各種規程書類の改定案および新旧対応表を追加し，これからテレワークの環境構築を進める際の道標になるよう工夫しました。業務改善の一助になれば幸いです。

2022年４月　テレワークを継続する静まりかえったオフィスにて

著　　者

目　次

第2章 テレワークの実際と運用ポイント

第3章 経理業務へのテレワークの導入プロセス

第1章 社会環境の激変とテレワークへの対応

まず，現在起きている新型コロナウイルスの感染拡大による社会の混乱について，現状認識を共有します。そして，事業活動の停滞を防ぎ，経済を維持するための手段としてのテレワークの位置づけについて概観します。

1 新型コロナウイルスの脅威と「アフターコロナ」時代の到来

2020年は新型コロナウイルスの猛威が世界に甚大な影響を及ぼした年になりました。世界中の多くの国で感染者数が激増し，社会活動に支障が出てしまいました。経済は停滞し，大規模なイベントは制限され，医療機関におけるキャパシティ超過は世界的な医療危機を招きました。日本も例外ではなく，ワクチンなどの対処法が確立しない状況下で感染者数は拡大し，国民の大多数は不安を抱えて1年を過ごしました。

2021年に入り，mRNAワクチンの開発，臨床試験が進み，徐々に一般市民がワクチンを接種できる状況が広がっていきました。ワクチン接種が進行するにつれ，新規感染者の拡大は収束の方向に進み，感染症対策の基本として定着したマスク着用の強制を一部の国では解除するなど，世界は元の姿を取り戻しつつあります。

日本においては，ワクチン接種は他国に遅れをとりながらも，前述のとおり2021年５月，６月ごろから急ピッチで進み，その効果も目に見える形で現れてきました。その間に，東京オリンピック・パラリンピックの開催といった，感染症対策の観点からみると相性の悪いイベントが影響したのか，2021年７～８月ごろに感染者数はピークを迎え，沈静化していくまでに多くの時間を要しました。本書執筆時点では緊急事態宣言も解除されて少しずつ平穏な世の中になりつつあるようです。

本書執筆時点で，2021年10－12月期の実質GDP成長率は前期比＋1.1%（年率4.6%）となり，２四半期連続のマイナス成長は回避されましたが，１－３月期以降はオミクロン株の感染状況やウクライナ情勢の影響で楽観はできません。

コロナ禍による一連の影響を受け，企業活動にも大きな支障が出ました。一時的に持ち直した事業所向けサービス活動については回復ペースが鈍っており，対個人向けサービスについても飲食や宿泊などの外出関連活動への影響が大きく，落ち込んだままになっています。

しかし，コロナ後の世界，いわゆる「アフターコロナ」の時代に向けて，世界は新たな経済活動に向けた再始動の時期に差し掛かっています。長きにわたる緊急事態宣言下において定着した「自粛」や「ソーシャル・ディスタンシング」と呼ばれる行動変容は，コロナ禍が収束しても当面は継続することが予想されます。これに伴い，企業の就業スタイルもこれまでの考え方を大きく見直す契機が訪れています。

ここで改めて日本企業の就労環境に目を向けてみると，これまでの企業活動においては，「会社に出社してオフィスで仕事をする」「仕事が終わったら家に帰る」というスタイルが長年定着してきました。これまでは「在宅勤務」という就業形態はあくまで例外であり，特殊な事情がない限りは認められないものとして運用されてきました。「会社員は会社で仕事するのが当たり前，家に持ち帰るのはあくまで例外」。そんな世の中だったのです。

しかし，状況は一変します。新型コロナウイルスの流行への対応における重要なポイントの１つに，ヒトの移動を制限するという点があります。ウイルスはヒトの移動に伴って感染を拡大していくという性質を持つため，なるべくヒトが移動しない，動かないという対応をとることでウイルスの拡散を防ぐという対策が有効になります。

このような対応に基づくと，これまでどおりに「会社に出社して仕事をする」というスタイルを大きく見直す必要が出てきます。ヒトの移動にウイルスを拡散させるリスクがある以上は，なるべく移動をせず，かつ経済活動を停滞させないようにする必要があります。

では，どのようにすればいいのでしょうか。これまでは「仕事は会社でする」ことが常識であり，社会の合意となっていました。自宅で仕事をするのはあくまで「会社の仕事の延長線」あるいは「副産物」としての労働であり，会社のオフィスで行っていた作業を自宅やそれ以外の場所で行うことは一般的には受け入れられない考え方でした。セキュリティ上の問題ももちろんありますし，なにより在宅勤務という形態は仕事をする環境として認知されてきていませんでした。

一方では，フリーランスや個人事業主の人々が在宅勤務というスタイルを長きにわたって行ってきたという事実もあります。何も起こらなければ静かに浸透していったかもしれません。しかし，新型コロナウイルスの拡大をきっかけにして，社会人の大多数を占める勤務従業員（いわゆるサラリーマン）にとって，「仕事は会社でする」というスタイルを変えなければいけない時代に，それもわずか数日〜数カ月の期間でがらりと変わってしまったのです。この変化についていけない多くの人たちが混乱し，不安を抱えた状態で仕事をしなければいけなくなってしまいました。

この「仕事は会社でする」という価値観の転換は，我々の社会に対して非常に大きなインパクトを生みます。たとえばすぐ頭に浮かぶ疑問として，こんなことがあるでしょう。

- これまで会社で行ってきた仕事を自宅に持ち帰って同じような生産性を維持できるのか？
- 機密データを持ち出してしまって，セキュリティを守ることができるのか？
- 在宅勤務が行われると，人間関係においてコミュニケーション不全に陥らないか？

少し考えるだけでも，さまざまな疑問が湧いてきます。しかし，世の中がこのような危機的な状況になってしまった以上，我々に残された選択肢は多くはありません。これまでの働き方のスタイルを見直し，柔軟に対応して経済活動を維持する必要が出てきているのです。

さて，度重なる緊急事態宣言の発出を経て，私たちの生活には感染拡大当初ほどの緊張感がなくなってきました。政府や自治体が求める行動変容にも大きな効果はみられなくなり，私たちはよくも悪くもコロナ禍の世の中に慣れてしまっています。コロナ禍の収束については今なお予断を許さない状況ですが，私たちの生活は元に戻る過程に到達しつつあります。

2 事業リスクと事業継続リスクの関係

ここで少し視点を変えて，企業をとりまく「事業リスク」について説明します。

事業リスクとは，企業の事業活動にまつわるさまざまなリスク（不確実性）のことです。事業活動には不確実な予測が必ずつきまとい，将来どのようなことが起きるかを完全に予測することは不可能です。そのような不確実な状況のなかで，企業はさまざまな意思決定を行い，企業として存続・成長を目指していきます。事業活動は常にリスクにさらされていると考えてよいでしょう。

事業リスクには，たとえば「将来の利益につながる」といった良いリスクもあれば「将来の損失につながる」といった悪いリスクもあるでしょう。「良いリスク」の代表例として挙げられるのは「新規事業の展開による売上の増加」です。新規事業は新たな製品やサービスの投入によって市場を開拓するので，想定できない不確実性をはらみます。不確実性のなかをうまく生き残れば，大きな利益を獲得することができるかもしれません。

一方，悪いリスクの代表例として以下のものがあります。これらは将来において発生する可能性をはらんでおり，実際に起こってしまうと企業の業績に影響を及ぼし，最悪の場合は企業の存続それ自体を脅かします。2011年の東日本大震災の発生により，多くの企業活動に甚大なダメージがあったのは記憶に新しいところです。

- 災害による損失
- リストラによる組織構造の転換
- 競合の出現による競争環境の激化
- 戦争などの地政学的リスク

そして，我々が直面した新型コロナウイルスのような事象は，悪いリスクのなかでも最悪の部類に属するもので，事業活動に対して数十年〜数百年に一度の大規模なダメージを与えるインパクトがあります。常にリスクにさらされるなかで事業活動を推進していかなければいけない以上，リスクを識別し分析し対応方針を考えて実行するといったサイクルを回しながら事業を進めていかなければなりません。重大性や緊急性がこれまでのリスクよりも桁違いに大きなものとなるため，それ以外のリスク対応を後回しにして最優先で対処しなければならないでしょう。

事業リスクに対応するためのPDCAサイクルは**図表１－１**のとおりです。

図表1-1　リスク対応のPDCAサイクル

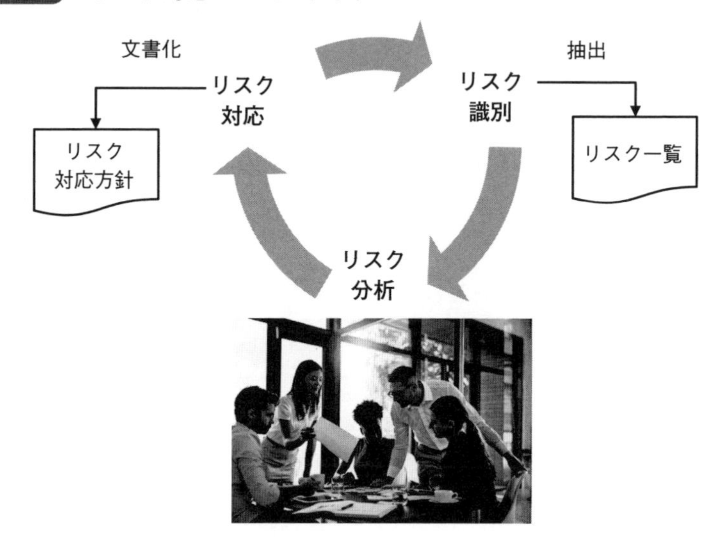

具体的には以下の活動を行います。

- **リスクの識別**

事業活動にまつわるリスクを洗い出します。フリーディスカッションによる抽出や関係者ヒアリングによりリスクが特定され，リスク項目が棚卸されます。

- **リスクの分類**

リスクを構造化し，対応優先順位を定めます。発生可能性が高く，影響度が大きいものを重大なリスクと位置づけ，より高い優先度が設定されます。

- **リスクへの対応**

相対的に優先度の高いリスクについて対応策を定めたものを文書化し，それらのリスクが顕在化したときに参照していきます。

重大なリスクについては緊急度の高い対応策を策定しますが，そのなかでも「事業継続リスク」については留意する必要があります。事業継続リスクとは，事業活動を取り巻くさまざまなリスクのうち，特に事業の継続に重大な支障を与えるリスクのことをいいます。災害や疫病などが代表的なものですが，これらのリスクが顕在化（エクスポージャー）することで事業活動に重大な支障を来たし，最悪の場合は事業そのものを停止せざるを得ないといった重大な局面に至る可能性もはらんでいます。事業継続リスクはこのように深刻な影響があるため，特に大企業の場合はこのような事業継続リスクへの対応として「事業継続計画」（Business Continuity Plan, BCP）を作成します。

BCPに含まれる代表的な項目を以下に示します[1]。

1．基本方針
2．想定リスク
3．影響度評価
4．被害想定
5．重要な要素
6．組織体制と指揮命令系統
7．重要拠点の確保
8．対外的な情報発信および情報共有
9．バックアップ
10. 製品・サービス供給
11. 生命の安全確保と安否確認
12. 事務所・事業所および設備の災害被害軽減
13. 二次災害の防止
14. 地域との協調・地域貢献
15. 共助，相互扶助
16. 備蓄，救命機材，家庭における防災
17. 財務手当て
18. 教育・訓練

1　http://www.bousai.go.jp/kyoiku/kigyou/keizoku/pdf/model-no1-1.pdf

19. 点検および是正措置
20. 経営層による見直し

事業継続計画は作成するだけではなく定期的なテストを行う必要があり，いざそのような状況になったときに適切に対応できるように準備するための活動を含みます。また，BCPの策定を含めた事業継続のための包括的な活動は「事業継続マネジメント」（Business Continuity Management, BCM）と呼ばれ，BCPの策定のみならず，その運用も含めて緊急時の備えをプログラムする仕組みが定義されます。

内閣府は「事業継続ガイドライン」を公表しており，それによれば，BCMには次の活動が含まれます[2]。

- BCP（事業継続計画）策定や維持・更新
- 事業継続を実現するための予算・資源の確保
- 事前対策の実施
- 取組みを浸透させるための教育・訓練の実施
- 点検・継続的な改善

BCMは現場とマネジメント一体となったPDCAサイクルで構成され，上記を行う平常時からのマネジメント活動として位置づけられます。

以上をまとめると**図表1－2**になります。

2 http://www.bousai.go.jp/kyoiku/kigyou/keizoku/pdf/guideline202104.pdf
http://www.bousai.go.jp/kyoiku/kigyou/pdf/guideline03_ex.pdf

図表1-2　BCPとBCM

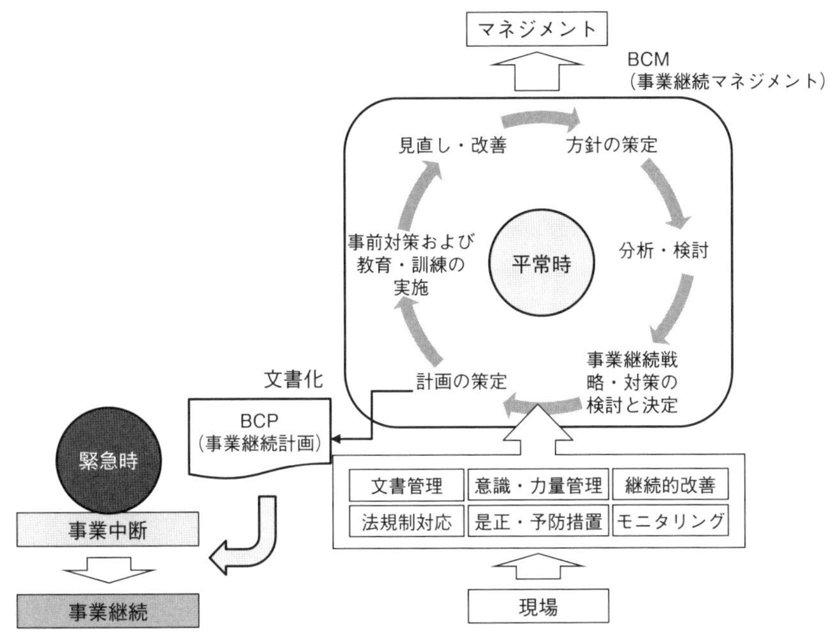

（出所：内閣府（防災担当）「事業継続ガイドライン」をもとに作成）

3　事業継続リスクと経理業務

事業リスクや事業継続計画を踏まえたうえで，今度は本書で主に説明していく「経理業務」に目を向けてみましょう。経理業務はバックオフィス業務の根幹に位置づけられる業務であることから，長期にわたる業務停止を受け入れることはほぼ不可能です。一方で，経理業務に対しても事業継続のリスクは常につきまといます。たとえば，災害や疫病によって以下のような状況が起きると結果的に何が起きるでしょうか。

- 証憑書類の処理が進まない
- 会計記録データの登録が進まない
- 各種書類を作成できない

これらの状況が積み重なることで，企業の実態と成果を表す会計帳簿の作成が遅れてしまい，ひいては決算書・決算短信・有価証券報告書といった開示書類が適切なタイミングで公表されないといった事態に陥ります。経営者は受託者として多くのステークホルダーに対する説明責任（Accountability）を果たす必要がありますが，決算書類の作成が遅延することで，このような責任を果たすことが困難になります。

ただし，経理業務の場合は他の業務に比べて「書類」の処理が中心となり，手に取ったり触ったりといった「モノ」から比較的離れた立ち位置でそれらの「情報」を扱うという特性があります。事業を停滞させないために，書類やデータの取り回しを工夫することで，このような事業継続リスクを低減することが可能になるのが経理業務の利点です。

そこで注目されるのが，さまざまな業務における事業継続リスクを低減する手法の代表的なものであり，本書で述べる就業形態である「テレワーク」です。「テレワーク」は，これまでの「会社に出社して仕事する」という就業スタイルにとらわれず，会社の既存のルールにもとらわれない新たな就業スタイルとして急速に注目を集めており，すでに導入済みの企業から，これから導入を検討する企業まで，あらゆる規模や業種への広がりを見せているのです。日本においても（コロナ禍に背中を押される形ではありますが）「テレワーク」の広がりが今後急速に進み，これからの働き方のスタンダードに位置づけられていくことが予想されます。

なお，このような場所や時間の制約を受けない働き方のスタイルは「在宅勤務」「リモートワーク」「テレワーク」などさまざまな呼び方がありますが，本書における記述はこれ以降「テレワーク」で統一します。

4 テレワークとは

さて，近年注目が高まっている「テレワーク」という就業形態とはどのようなものなのでしょうか。テレワークとは，一般的にITを活用した「場所や時間に制約を受けない働き方」と定義されます。従来は会社に行って進めていた仕事や作業の一部または全部を，会社以外の場所で行う就業形態のことです。

テレワークは，就業する「場所」の分類によって，以下の類型があります。

・在宅型

自宅などの作業スペースで仕事をするスタイルです。「在宅勤務」という言葉から最もイメージが近いものになります。

・サテライト型

会社が手配したサテライトオフィスやモバイルオフィスで仕事をするスタイルです。

・モバイル型

モバイル端末（PCやスマートデバイス）を持ち歩き，場所を特定することなく仕事をするスタイルです。カフェやコワーキングスペースなどが代表的な作業場所になり，作業場所の自由度が最も高い形態です。

また，テレワークで就業する「形態」によって，以下の類型があります。

・雇用型

会社との雇用契約に基づいて仕事をします。会社に勤務する多くの会社員があてはまる就業形態です。

・自営型

フリーランスや個人事業主など，特定の雇用主に拘束されずに仕事をするスタイルです。近年は会社に雇用されつつ複数の異なる仕事を行う「副業」「複業」という形態が広がってきています。

これらの類型を組み合わせると，テレワークの類型は以下の6つのパターンに分かれます。

図表1-3　テレワークの類型

テレワークの分類と経理業務におけるテレワークの範囲

		就業場所		
		在宅型	サテライト型	モバイル型
就業形態	雇用型	・在宅勤務	・サテライトオフィス ・シェアオフィス ・コワーキングスペース	・モバイルワーク
	自営型	・在宅ワーク	・SOHO ・シェアオフィス ・コワーキングスペース	・ノマドワーク

経理業務（事務職等）におけるテレワーク

さて，経理業務はこれらの類型のどこに位置づけられるでしょうか。

「自営型」として企業とフリーランス契約を交わして複数企業の経理業務アウトソーシングを請ける形態も増えてきてはいますが，多くの場合は「雇用型」として特定の企業との雇用契約に基づいて仕事をするケースが多いと思われます。また，「モバイル型」で仕事を進めることは不可能ではありませんが，業務上の機密書類を多く扱う業務特性があることから，不特定多数の目に触れる可能性がある「カフェ」や「コワーキングスペース」で作業を行うことは経理業務にとってあまり相性がよくありません。

したがって，経理業務のテレワークの類型は，次のいずれかが典型的なものになります。

- 雇用・在宅型
- 雇用・サテライト型

次に，テレワークで働くことのメリットとデメリットを考えてみましょう。まず，メリットとしては以下が挙げられます。

- 場所や時間の制約がなく働くことができる。
- 工夫次第で，働く当事者である従業員が会社に行くよりもストレスの少ない就労が可能になる。

一方では，以下のようなデメリットもあります。

- 就業管理の方法が変わる。これまでの始業終業時間管理では就業実態を完全に把握することが困難であるため，新たな管理方法を考える必要がある。
- 情報の制御が困難になる。多くのデータが社外に持ち出されることでセキュリティリスクが高まり，対応策を考えないと情報漏洩のおそれがある。

テレワークの普及にはさまざまな背景がありますが，代表的なものとして以下があります。

• 就労人口の減少と都市圏への人口集中

少子高齢化の進行に伴い，わが国の就労人口は今後減少することが確定しています。一方で職業機会のある都市部への人口流入は止まらず，結果的に土地の価格高騰が起きました。都市部での就業人口と就業スペースのバランスが崩れた結果，会社以外での仕事を認める動きが模索されてきています。

• 雇用環境の変化

前述の就労人口の減少に伴い，慢性的な人手不足や有効求人倍率の増加が発生しています。一方では，仕事のスタイルも多様化しており，労働参加率の増加（特に女性や高齢者の社会参加）という側面もあります。物理的な距離や時間の制約を開放するという形での就労意識の変化，という点も見過ごすことができません。

• テクノロジーの発達

テレワークの普及に大きな影響を及ぼしている要素として，テレワークを支援するさまざまなITサービスやITツールがあります。これらの機能向上は我々の仕事の進め方に高度な利便性をもたらしており，テレワークを促進することに対して非常に大きな役割を果たしています。

このような環境や社会の変化に伴って，会社で仕事するスタイルに加えて生産性の高い働き方のバリエーションとして，テレワークが注目されるようになってきています。

5 わが国におけるテレワーク実施状況

ここで，わが国におけるテレワークの導入状況について概観してみます。総務省の「通信利用動向調査（2020年）」[3]によると，日本企業の取組み状況としてテレワークをすでに導入しているという会社は2019（令和元）年の「20.2％」から大幅に増加して「47.5％」となっています。そのなかでも「在宅勤務型」が「モバイルワーク型」を大きく引き離してトップという状況になりました（次頁**図表１－４**・上のグラフ）。在宅勤務の広がりを裏づけるデータといえるでしょう。また，産業別にみると，「金融・保険業」「不動産業」「情報通信業」での導入割合が高く，データの取扱いと親和性の高い業種が積極的にテレワークを導入していることがわかります（**図表１－４**・下のグラフ）。

テレワークの導入目的として従来上位にあった「業務の効率性（生産性）の向上」「勤務者のワークライフバランスの向上」に代わって「非常時の事業継続に備えて」が上位にきました。コロナ禍を受けた企業の意識の変化がみられます。また「勤務者の移動時間の短縮・混雑回避」という観点からも，テレワークが効果を発揮しています（16頁**図表１－５**）。

では，テレワークを実際に導入した企業では労働生産性の向上がみられたのでしょうか。調査によれば，テレワーク導入企業のうち「非常に効果があった又はある程度効果があった」と回答した企業はやや減少して74.6％（前年は87.2％）となりました（16頁**図表１－６**）。テレワークの導入は当初前向きに

3 https://www.soumu.go.jp/johotsusintokei/statistics/data/210618_1.pdf

テレワーク導入状況

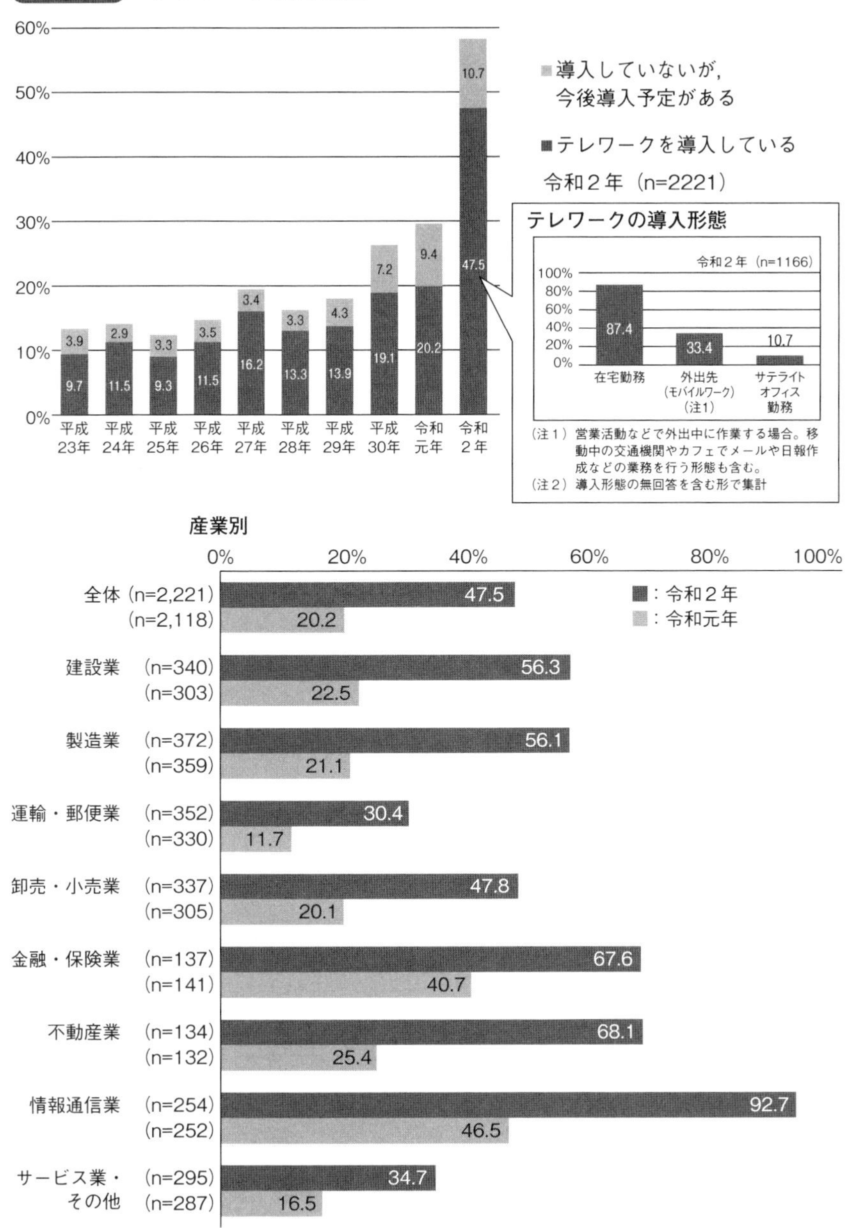

（出所：総務省「通信利用動向調査（2020年）」）

図表1-5　テレワークの導入目的

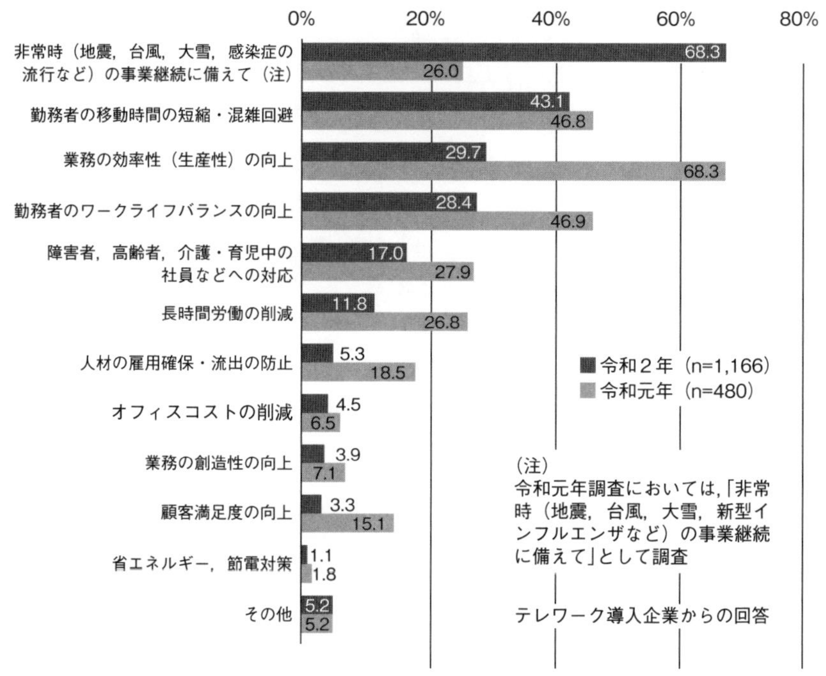

（出所：総務省「通信利用動向調査（2020年）」）

図表1-6　テレワーク導入効果

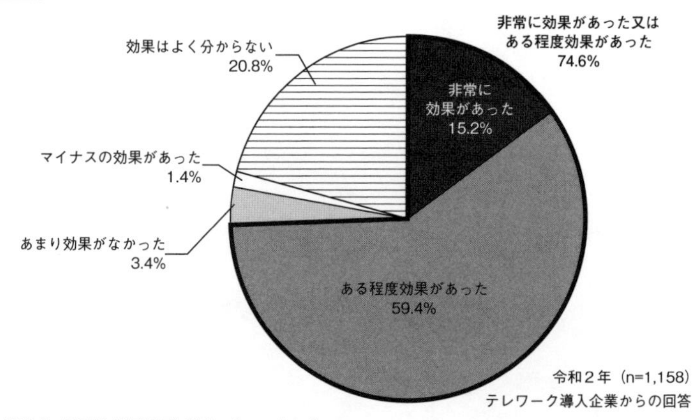

（出所：総務省「通信利用動向調査（2020年）」）

とらえられていましたが，緊急避難的な対応としてテレワークを導入した企業が増えた結果，大きなメリットを見出せず，出社型スタイルに回帰していく企業の意識の変化がみられます。

一方で，テレワーク未導入で，導入予定もない企業からは導入しない理由として「テレワークに適した仕事がないから」が圧倒的に多くなっています。テレワークを開始するための環境作りが十分に進んでいない，仕事のスタイルをテレワーク向けに見直すことがすぐにはできないなど，危急の状況にならないかぎり（あるいは，なったとしても）テレワークの導入に踏み切れない企業が依然として多い傾向が読み取れます（**図表１－７**）。

図表1-7　**テレワークを導入しない理由**

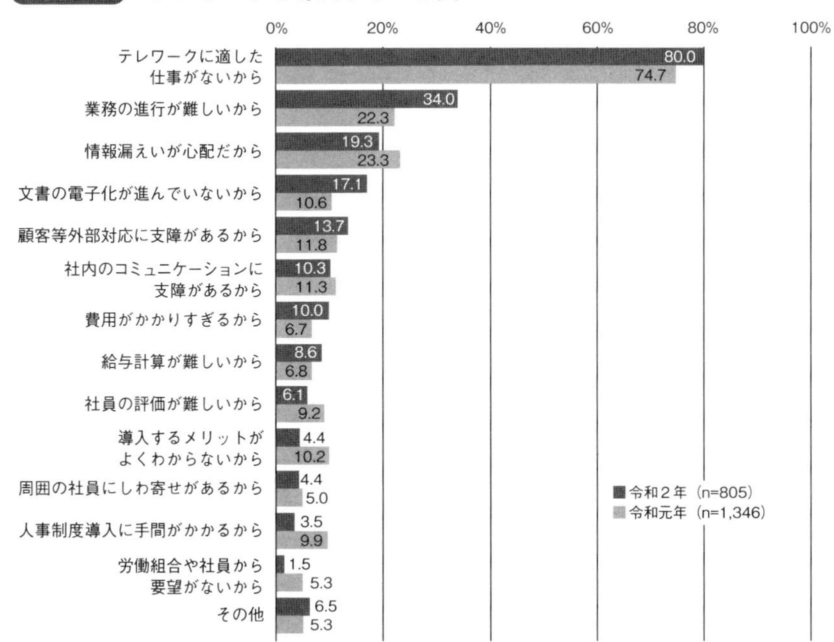

（出所：総務省「通信利用動向調査（2020年）」）

さて，今度は海外に目を向けてみましょう。テレワークについては，北米，ヨーロッパで先行して導入が行われています。

たとえば，アメリカにおいては，仕事の範囲や責任が明確に定義されており，「ジョブ・ディスクリプション（Job Description）」と呼ばれる仕事の範囲の定義が明示的に行われることで，テレワークに向けた仕事の切り分け・切り出しといったものが容易であるという社会的な背景が存在します。また，ホワイトカラー・エグゼンプション（WE）と呼ばれる制度は，一部の頭脳労働者について労働法上の規制を緩和することで，時間管理にとらわれない柔軟な雇用形態を実現しました。これらの仕組みが多くの企業で採用されることで，テレワークが普及する土壌を作っているという側面があります。

アメリカでは新型コロナウイルス感染症の感染拡大後に，一度でも在宅勤務をした経験がある労働者は57.9%に達しました。オフィス勤務と比較した場合の在宅勤務の効率性については，「職場勤務と同じ」「在宅勤務のほうが効率的」といった回答が大勢を占めています。在宅勤務に対する肯定的な評価がうかがえます。

EU域内では，労働者の36.5%が在宅勤務を始めており，新型コロナウイルス感染症の流行を契機として，在宅勤務が拡大している傾向がうかがえます。ただし，テレワークには多くのメリットがある一方で，「ワーク・ライフ・バランスを崩す」「仕事と家庭生活の両立が困難」「休息が不十分になる」「仕事関連のストレスが生じる」「睡眠障害などの健康上の問題が生じる」といったさまざまな課題が生じる可能性が指摘されています[4]。

6 非常事態におけるテレワークのニーズ

日本企業におけるテレワーク導入の背景について，「大規模災害」に言及せ

4 https://www.soumu.go.jp/johotsusintokei/whitepaper/ja/r03/html/nd123450.html

ずに考察することは困難です。テレワークという就業形態はこれまでもあったものの，日本社会では長らく注目されてきませんでした。そのような状況のなか，2011年の東日本大震災の発生に伴って，リスク管理のなかでも災害リスクに注目する考え方が出てきたのです。とはいえ，テレワークが大きく普及するには到りませんでした。平常時においても生産性を大きく損なうことなく運用できる点でテレワークはメリットが多いのですが，それでも多くの企業では物理的に出社困難な状況になった場合の業務継続の手段としてテレワークにあまり注目してこなかったのです。

しかし，新型コロナウイルスの感染拡大は，多くの日本企業に対してテレワークの導入検討を選択の余地なく迫る状況を生み出しました。ウイルスの感染拡大を防ぐには，媒介となるヒトの移動を防ぐのが最も効果的とされています。そのため「通勤電車による移動」「オフィスにおけるヒト同士の接点」といった感染機会を極力少なくすることが効果的です。

「通勤電車による移動」については，インフラの制約もあるため自粛措置では移動そのものを激減させることには限界がありそうですが，「オフィスにおけるヒト同士の接点」については，オフィスに行く頻度を減らす（もしくは出社すること自体をなくす）ことで感染機会を大きく減らすことが可能です。

なお「オフィスに行かないこと」すなわち「仕事をしなくてよい」というわけではなく，オフィス外でも仕事が回る仕組みを考えなければいけません。テレワークはこのような局面で強力なツールであり，あらゆる場面で活用することができるのです。

いわば新型コロナウイルス対応によりテレワークの検討を余儀なくされた形になりますが，これらが収束した後の時代，いわゆる「アフターコロナ」では，これまでの社会習慣が激変するといった予測があらゆる識者から出ています。おそらくは一度定着したテレワークという就業スタイルがこれまでの「会社に行く」スタイルに完全に戻ることはなく，「会社」「自宅」「それ以外」というさまざまな環境で同等に仕事を進めることのできる社会環境の整備が求められていくでしょう。

果たして，これからの未来に待ち受けているのは，何十年と続いてきた「会社で仕事する」時代への回帰でしょうか。それとも「テレワーク」を中心したモバイル中心，リモート中心，ネットワーク化された社会でしょうか。

こればかりは誰にもわかりませんが，大きな流れを予測することはできます。クラウドが発達して生活をより便利にしていき，AIの発達によって単純作業をヒトが行う機会も少なくなり，物理的な作業もロボットが代替してくれるようになったとき，ヒト独自の労働価値とは何でしょうか。ヒトだからこそ提供できるのは「会社という場所や時間に拘束された労働」なのか「場所や時間を問わない労働」なのかを考えると，オープン化・グローバル化された社会と親和性が高いのはどうも後者のようです。

これからどのような社会システムを選択するかは我々次第ですが，新たな生活スタイルを模索していくなかで「テレワーク」が大きな存在感を持っていくことだけは間違いなさそうです。

7 電子帳簿保存法の改正

さて，2022年は，電子帳簿保存法の改正が経理業務に非常に大きなインパクトを及ぼします。電子帳簿保存法（正式名称は「電子計算機を使用して作成する国税関係帳簿書類の保存方法等の特例に関する法律」，以下「電帳法」といいます）は，課税文書（印紙税課税対象となる契約書や受取書など）となる「帳簿」や「書類」の電子化を容認し，徴税当局の事務を簡素化することを目指す法律として，所得税法や法人税法などの国税に関する法律の特例として定められた法律です。帳簿や書類の電子化はテレワークと相性がよく，電帳法の対応が進むことでテレワーク普及の後押しが期待されます。特に，2021年の電帳法の改正により，2022年１月からは「電子取引」のデータ保存が原則化されるなど，大きな手当てが施されています。

(1)　電帳法がこれまで求めてきたこと

改正前の電帳法は，大きく分けると，「紙で保存する特例」と「電子取引に係る情報の保存義務」の２つの規定で構成されていました。

①　「紙」で保存する帳簿や書類に関する特例

帳簿や書類については紙で保存することを原則としつつ，電帳法では一定の要件を満たす場合には，税務当局の承認を受けて電子データで保存することが容認されています。

- 帳簿保存（帳簿を紙でなく電子データで保存できる）
- 書類保存（自ら作成した書類を紙でなく電子データで保存できる）
- スキャナ保存（紙で作成されている書類をスキャナで読み込み，電子データとして保存できる）

②　「電子取引」に係る情報の保存義務

法人が電子取引を行う場合，税務当局の承認を必要とせず，該当の情報を「電子データのまま」保存することが認められています。

このように利便性を高めるために制定された電帳法ですが，これまでは以下に示す高い導入ハードルにより，多くの法人で活用されるには至りませんでした。

- 適用する３カ月前までに税務当局に承認申請書を提出する必要があった
- 電子化された書類を検索するための要件が厳格に定められ，保存データの形式を事前に細かく調整しなければ導入するのが実質的に困難だった
- 書類をスキャナ保存する場合に，一定期間以内にスキャンを完了し，なおかつ電子データへの記録事項として「タイムスタンプ」を付す必要があった

- 運用体制として担当者間の相互牽制や定期的な社内検査など，小規模企業が適用するには現実的ではないルールが課せられていた

そこで，電帳法の適用要件をある程度緩和し，最低限度のルールを守れば多くの企業が電帳法を利用することができるようにするため，2021年に大幅な見直しを行ったのです。

⑵　電帳法が対象とする書類やデータ

改正後の電帳法では，以下の書類・データを取扱い対象としていますので，改めて整理します。

①　国税関係帳簿

データ入力段階から会計帳簿段階に至るまですべてコンピュータで処理する場合の国税関係帳簿について，従来「書面」での保存が前提だったものを，事前の承認手続を経ることで電子データのまま保存することが「容認」されました。

（国税関係帳簿の例）

- 仕訳帳（原則としてすべて保存）
- 総勘定元帳（原則としてすべて保存）
- 補助簿（必要なものについて保存）

②　国税関係書類

経理事務の過程で生成された各種書類については，次のいずれかより保存形式を選択できます。

- データ保存（データとして作成された書類をそのまま保存する）
- スキャナ保存（紙で生成された書類をスキャンしデータとして保存する）

（国税関係書類の例）

- 決算関係書類（決算作業に際して作成された書類）
  貸借対照表，損益計算書，棚卸表，その他決算書類など

- 取引関係書類（取引の過程において作成された書類）
  会社が発行した契約書，請求書，見積書，領収書など
  会社が受け取った契約書，請求書，見積書，領収書など

③　電子取引の取引情報に係る電磁的記録

電子取引とは，「取引情報の授受を電磁的方式により行う取引」のことをいい，電子取引に係る電磁的記録には，EDI（電子データ交換）やインターネットなどを介した電子商取引においてやりとりされた取引情報が含まれます。こうした電子取引をすべて電磁的に保存することが義務づけられます。保存期間は原則７年で，保存の際には電子署名やタイムスタンプの付与など一定の要件があります。

（電子取引の例）

- 注文書
- 契約書
- 送り状
- 領収書
- 見積書

⑶　電帳法改正のポイント

すでに2022年１月から施行されているものの，改めて電帳法の改正点を集約すると，以下の４点になります（次頁**図表１－８**参照）。

POINT１　電子取引のデータ保存義務化
POINT２　検索要件の緩和
POINT３　タイムスタンプ付与要件の緩和
POINT４　事前手続や整備ルールの廃止

電帳法の改正では規制の「強化」と「緩和」が同時にとられており，「緩和」によってより多くの企業が導入しやすくなった一方で，「強化」によって電子取引のデータ保存が義務化された点には留意する必要があります。

図表1-8　電子帳簿保存法改正の４つのポイント

POINT	項目	内容	規制の方向性
△1	電子取引のデータ保存義務化	・電子取引により授受したデータを書面でなくデータで保存する	強化
②	検索要件の緩和	・検索条件を限定する ・検索範囲の範囲指定や複合検索の要件を不要とする	緩和
③	タイムスタンプ付与要件の緩和	・電磁的記録に真実性や可視性を担保するためにタイムスタンプを付す期限を延長する	緩和
④	事前手続や整備ルールの廃止	・帳簿や書類の電磁的記録での保存に税務当局への届出を不要とする ・適正な事務処理を行うための体制整備を不要とする	緩和

①「優良」電子帳簿と「その他」の電子帳簿

また，厳格な要件を適用することで事後的に検証することが容易な電子帳簿については信頼性のある帳簿として「優良電子帳簿」とし，最低限の要件を適用した「その他の電子帳簿」と区別することで，企業の体力によって導入のハードルを使い分けられるようにしました。「優良電子帳簿」を採用する納税者（個人および法人）は高いハードルを課せられる一方で，以下のインセンティブが与えられます。

- 優良電子帳簿に係る修正申告等においては過少申告加算税が軽減される
- 納税者が個人の場合は，電子申告によらなくても青色申告特別控除（65万円）を受けることができる

このように，改正後の電帳法では電子帳簿を次の２つに区分してそれぞれルールを再設計しました。以下，主に「その他の電子帳簿」への対応について記述します。

- 帳簿保存要件が厳格な「優良電子帳簿」
- 最低限の保存要件を満たす「その他の電子帳簿」（または「一般電子帳

簿」）

② **国税関係帳簿の保存要件**

国税関係帳簿の保存要件については以下の改正が行われました（次頁**図表１－９**参照）。

- 検索要件の緩和（POINT２）
  - ➢ 優良電子帳簿において検索条件は「取引年月日」「取引金額」「取引先名称」のみ
  - ➢ その他の電子帳簿において一定要件を満たせばダウンロードデータの提供も不要
  - ➢ いずれの電子帳簿においても検索範囲や複数条件検索の要件が原則として不要
- 事前承認制度の廃止（POINT４）
  - ➢ 電磁的記録保存にあたり所轄税務署長への届出が不要
- 保存要件の緩和
  - ➢ その他の電子帳簿において「訂正削除追加履歴の確保」「業務処理期間経過後の入力」「相互関連性の確保」要件が不要

図表1-9　国税関係帳簿保存要件の主な改正点

	項目	内容	(改正前)	改正後 優良電子帳簿	改正後 その他の電子帳簿
1	訂正削除履歴の確保	記録事項の訂正・削除を行った場合には事実や内容を確認できる電子計算機処理システムを使用する	必要	必要	不要
2	相互関連性の確保	電子帳簿の記録事項と他の帳簿の記録事項との間に相互に関連性が確認できる	必要	必要	不要
3	システム関係書類等の備付け	電子計算機処理システムの概要書・仕様書・操作説明書などを備え付ける	必要	必要	必要
4	見読可能性の確保	保存場所に操作マニュアルを備え付け，画面・書面に整然とした形式・明瞭な状態で速やかに出力できる	必要	必要	必要
POINT 2 5	検索機能の確保(1)検索条件	取引年月日・勘定科目・取引金額ほかの主要な記録項目により検索できる	必要 検索条件の限定なし	必要 検索条件は「取引年月日」「取引金額」「取引先」に限定 （範囲指定検索・複数項目の組み合わせ検索はダウンロードデータを提供できる場合は不要）	不要 税務調査においてダウンロードデータを提供する ただし優良電子帳簿の要件（1,2,5）をすべて満たす場合はダウンロードデータの提供も不要
	検索機能の確保(2)検索範囲	日付または金額の範囲指定により検索できる	必要	不要（＊1）	不要
	検索機能の確保(3)複数条件検索	２つ以上の任意の記録項目を組み合わせた条件により検索できる	必要	不要（＊1）	不要
6	電磁的記録のダウンロード	税務職員による質問検査権に基づく電磁的記録のダウンロードの求めに応じることができる	－	不要（＊1）	必要（＊2）
POINT 4 7	事前承認制度	電磁的記録の保存を行う場合に事前に税務署長の承認を行う	必要	不要（廃止）	不要（廃止）

（＊１）ダウンロードデータの提供条件を満たしている場合のみ
（＊２）優良電子帳簿の要件を満たしかつ一定の届出がある場合は不要
（出所：国税庁「電子帳簿保存法一問一答」をもとに筆者作成）

③　国税関係書類の保存要件

国税関係書類の保存要件の改正について，特にスキャナ保存要件に係るポイントを以下に示します（次頁**図表１－10**参照）。

- 検索要件の緩和（POINT２）
  - ➢　検索条件は「取引年月日」「取引金額」「取引先名称」のみ
  - ➢　検索範囲や複数条件検索の要件が原則として不要
- タイムスタンプ要件の緩和（POINT３）
  - ➢　付与期限の緩和（最長約２カ月+おおむね７営業日以内）
  - ➢　入力期間内に電磁的記録の確認ができるときはタイムスタンプ付与が不要
- 事前承認制度の廃止（POINT４）
  - ➢　電磁的記録保存にあたり所轄税務署長への届出が不要
- 適正事務処理要件の廃止（１人で入力・原本廃棄してよいが規程整備が必要）
- 訂正削除履歴の確保
  - ➢　訂正削除ができない仕様であるシステムの採用を容認
- スキャナで読み取る際の自署が不要

④　電子取引の保存要件

電子取引の保存要件の改正についてのポイントを以下に示します（29頁**図表１－11**参照）。今回の改正では実務に対する影響が最も大きくなる見込みです。

- データ保存の義務化（POINT１）
  - ➢　電子データでの保存が必須（書面での保存は認められない）
- 検索要件の緩和（POINT２）
  - ➢　検索条件は「取引年月日」「取引金額」「取引先名称」のみ
  - ➢　検索範囲や複数条件検索の要件が原則として不要
- タイムスタンプ付与期限の緩和（POINT３）
  - ➢　取引データ授受後，業務サイクル終了後速やかに付与する

図表1-10 国税関係書類（スキャナ保存要件）の主な改正点

	項目	内容	（改正前）	改正後 重要書類	改正後 一般書類
1	訂正削除履歴の確保	記録事項の訂正・削除を行った場合には事実や内容を確認できる電子計算機処理システムを使用する	訂正削除が確認できる	・訂正削除が確認できる ・訂正削除ができない仕様である のいずれか	・訂正削除が確認できる ・訂正削除ができない仕様である のいずれか
POINT 3 2	タイムスタンプの付与(1)付与期限	スキャナで読み取る際または書類作成・受領してから一定期間内にタイムスタンプを付す	（読み取り/作成/受領後） ・特に速やかに（3営業日以内） ・速やかに（7営業日以内） ・業務サイクル後速やかに（最長2カ月） のいずれかに付与する	（読み取り/作成/受領後） ・速やかに（7営業日以内） ・業務サイクル後速やかに（最長2カ月）＋7営業日以内 のいずれか （事務処理規程を定めている場合） ※ただし入力したことを確認できる場合はタイムスタンプの付与が不要	（読み取り/作成/受領後） ・速やかに（7営業日以内） ・業務サイクル後速やかに（最長2カ月）＋7営業日以内 ・スキャナで読み取る際に のいずれか （事務処理規程を定めている場合） ※ただし入力したことを確認できる場合はタイムスタンプの付与が不要
	タイムスタンプの付与(2)書類への自署	スキャナで読み取った際に書類に自署する	必要	不要	不要
POINT 2 3	検索機能の確保(1)検索条件	取引年月日・勘定科目・取引金額ほかの主要な記録項目により検索できる	必要 検索条件の限定なし	必要 検索条件は「取引年月日」「取引金額」「取引先」のみ	必要 検索条件は「取引年月日」「取引金額」「取引先」のみ
	検索機能の確保(2)検索範囲	日付または金額の範囲指定により検索できる	必要	不要（＊1）	不要（＊1）
	検索機能の確保(3)複数条件検索	2つ以上の任意の記録項目を組み合わせた条件により検索できる	必要	不要（＊1）	不要（＊1）

4	電磁的記録のダウンロード	税務職員による質問検査権に基づく電磁的記録のダウンロードの求めに応じることができる	―	必要	必要
POINT ④ 5	事前承認制度	電磁的記録の保存を行う場合に事前に税務署長の承認を行う	必要	不要（廃止）	不要（廃止）
POINT ④ 6	適正事務処理要件	相互牽制，定期的検査，不備の原因究明ができる体制づくり	必要	不要（廃止）	不要（廃止）

（＊1）ダウンロードデータの提供条件を満たしている場合のみ
（出所：国税庁「電子帳簿保存法一問一答」をもとに筆者作成）

図表1-11　電子取引保存要件の主な改正点

	項目	内容	（改正前）	改正後
1	電子取引データへの措置(1) 原則的な要件	電子取引データに対して施すべき処理やルール整備	以下のいずれかを満たす 1．タイムスタンプ付与後に取引データを授受 2．取引情報の授受後速やかにタイムスタンプを付すとともに，データ保存担当者や管理者を確認できる 3．訂正削除が確認できるか，訂正削除ができない仕様である 4．訂正削除防止の事務処理規程を整備する	以下のいずれかを満たす 1．タイムスタンプ付与後に取引データを授受 2．取引情報の授受後速やかにタイムスタンプ（下記の条件あり）を付すとともに，データ保存担当者や管理者を確認できる 3．訂正削除が確認できるか，訂正削除ができない仕様である 4．訂正削除防止の事務処理規程を整備する
③ 2	電子取引データへの措置(2) タイムスタンプ付与期限	電磁的記録の記録事項に対して一定期間以内にタイムスタンプを付す	・取引情報の授受後遅滞なく	・取引情報の授受後速やかに（7営業日以内） ・業務サイクル後速やかに（最長2カ月）＋7営業日以内 のいずれか（事務処理規程を定めている場合）
② 3	検索機能の確保(1) 検索条件	取引年月日・勘定科目・取引金額ほかの主要な記録項目により検索できる	必要 検索条件の限定なし	必要 検索条件は「取引年月日」「取引金額」「取引先」のみ
②	検索機能の確保(2) 検索範囲	日付または金額の範囲指定により検索できる	必要	不要（＊1）

②		検索機能の確保(3) 複数条件検索	２つ以上の任意の記録項目を組み合わせた条件により検索できる	必要	不要（＊1）
△1	4	電子取引データの書面出力	書面に出力保存可能である	必要	書面に出力保存不可
④	5	適正事務処理要件	相互牽制・定期的検査・不備の原因究明ができる体制づくり	必要	不要（廃止）

（＊１）ダウンロードデータの提供条件を満たしている場合のみ
（出所：国税庁「電子帳簿保存法一問一答」をもとに筆者作成）

⑤　適用時期・経過措置

改正電帳法の適用時期および経過措置は以下のとおりです。

（適用時期）

- 事前承認制度の廃止
  - ➢ 2022年１月１日以降に備付けを開始する事業年度等に係る国税関係帳簿から
- 国税関係帳簿に係る電磁的記録の保存
  - ➢ 2022年１月１日以降に備付けを開始する事業年度等に係る国税関係帳簿から
- 国税関係書類に係る電磁的記録の保存
  - ➢ 2022年１月１日以降に行うスキャナ保存を行う国税関係書類から

（経過措置）

- 国税関係帳簿
  - ➢ 改正前の電帳法適用済み企業は取りやめの届出を提出する必要なし
  - ➢ 2022年１月１日以後に備付けを開始する場合は2021年９月30日までに届出が必要
- 国税関係書類
  - ➢ 改正前の電帳法適用済み企業は取りやめの届出を提出する必要なし

➢　2022年１月１日以後にスキャナ保存を開始する場合は2021年９月30日までに届出が必要

これらを受けると，税務調査などで税務当局が利用する電子帳簿の実質的な利用期間は以下のスケジュールを前提に運用されます。

- 新しい保存要件に基づく電子帳簿の保存開始　2022年１月１日以降に開始する事業年度の初日
- 新しい保存要件に基づく電子帳簿の想定利用期間　2023年１月１日以降

なお，2021年12月に公表された令和４年度税制改正大綱において，電子取引の取引情報に係る電磁的記録を保存要件に従って保存をすることができなかったことについてやむを得ない事情がある場合は，従来どおり書面で保存することを認める旨の宥恕措置が公表され，12月27日に電帳法施行規則が改正されました（令和３年財務省令第80号）。宥恕措置は2023年12月31日まで継続するため，時間的な余裕ができましたが，電子取引のデータ保存というルール自体が延期されたわけではない点は留意が必要です。宥恕措置が終了するタイミングから逆算して，電帳法改正に向けた対応は遅くとも2022年の後半～2023年の前半の間に準備期間を想定する必要があります。

電帳法は所得税法・法人税法等の特例として整備されていますが，一方で「消費税法」における課税文書の保存は原則として「書面」を前提としています。この要件は電帳法が目指すところの「原則としてデータ化」と整合していないため，電帳法においても消費税法における扱いは例外に位置づけられます。具体的には，消費税に係る保存義務者が行う電子取引の取引情報に係る電磁的記録の保存については，その保存の有無が税額計算に影響を及ぼすことなどを勘案して，2022年１月１日以後も引き続きその電磁的記録を書面に出力することにより保存することも認められます。

電帳法の改正により，電子取引のデータ保存が実質的に「義務化」されることで，日々の業務にどのような影響が出るのでしょうか。電帳法が想定するのは課税文書としての帳簿や書類ですが，現場視点においては注文書や契約書作成に関連する販売管理業務・購買管理業務への影響も出てきます。改正の影響は経理部門以外の営業・調達部門にも及ぶことが予想されます。具体的には以下の点を検討する必要があるでしょう。

- スキャナ保存書類にタイムスタンプを付す方法およびタイミング
- 電子取引データにタイムスタンプを付す方法およびタイミング
- 上記を踏まえた業務フローの整備や見直し
- 事務処理規程との関係をどのように整理していくべきか

電帳法の改正を見据えて，電子取引が発生するワークフローを全社的に見直し，電子取引に伴うデータを「どの部門が」「どのような手段で」「どのタイミングで」保管するのかをルール化し，必要な規程や手順書に落とし込んでいくことになります。電子取引のデータ保存が原則になることは，テレワークを前提とした経理業務設計とデータ保存の運用はリンクして検討していく必要があります。

このように，電子帳簿保存法の改正が経理業務やその周辺業務に大きなインパクトを与える可能性があるのです。

では，電帳法の改正を踏まえた業務プロセスの見直しはどのように進めるべきでしょうか。現状は多くの企業において，業務文書の取扱いについて「紙」を前提とした「押印」「郵送」を中心とする業務フローが運用されています。このフローを「紙」から「データ」に基づいた「電子署名」「データ共有」を中心とする業務フローとして再設計します。すると，「データ」を前提にして業務を取り回すためのさまざまな課題が浮かび上がってきます。また「紙」で行われることを前提としたルール自体が廃止されることで業務効率を向上させる機会を見出すこともできるでしょう。このように「データ」に基づく業務フローを再設計することで，継続的に業務課題を識別し，解決機会を追求するプロセスが実現します。

そして「データ」に基づく業務フローは時間的・物理的な制約から解放され，「いつでも」「どこでも」仕事ができるスタイルにつながります。これはまさに「テレワーク」の業務スタイルです。「データ」に基づく経理業務フローはテレワークと相性がよいため，テレワークの導入検討を進めることで，結果的に電帳法の改正対応にもなる場合があります。

具体的なテレワークの導入手法については，**第３章**「経理業務へのテレワークの導入プロセス」で説明します。この手法は電帳法改正への対応にも応用できますので，ぜひ参考にしてみてください。

8　インボイス制度の概要

また，2023年10月からは「インボイス制度」（適格請求書等保存方式）が施行され，すべての企業が対応を求められます。これは，消費税法において認められた所定形式の請求書（適格請求書）の作成を企業に義務づけ，消費税の納税を適切に実施することを目的としています。消費税は「消費者から受け取った金額にかかる消費税」から「仕入先に支払った金額にかかる消費税」を差し引いた残額を年度ごとに納付する仕組みです。この「仕入先に支払った金額にかかる消費税」を認識することを「仕入税額控除」と呼びます。

「仕入税額控除」は従来の仕組みでは仕入先が課税事業者であるかどうかを問われなかったのですが，新しい仕組みでは仕入先が「適格課税事業者」（消費税の納税義務あり）の場合は「仕入税額控除」が認められ，仕入先が「免税事業者」（消費税の納税義務なし）の場合は「仕入税額控除」が認められなくなり，結果として仕入先が免税事業者の場合は納税負担を自社が負うことになってしまいます。本来あるべき税負担をより適正に補正するための改正ですが，結果としてこれまで免税事業者が享受してきた「益税」（受け取った消費税を納付することなく自己資金に組みこんでしまうこと）がなくなることは大きな影響があります（**図表１－12**）。

図表1-12　インボイス制度による影響

	現行制度 （区分記載請求書等保存方式） 2023年９月まで	インボイス制度 （適格請求書等保存方式） 2023年10月から	仕入先が「適格課税事業者」である場合	仕入先が「免税事業者」である場合
インボイス発行	（該当なし） 交付義務なし	適格請求書発行事業者のみが発行できる 交付・保存義務あり	インボイス 発行可	インボイス 発行不可
仕入税額控除	免税事業者からの仕入税額控除が可能	免税事業者からの仕入税額控除は不可（経過措置あり）	仕入税額控除あり（仕入先が消費税を納付）	仕入税額控除なし（支払元が消費税を納付）

インボイス制度のもとでは「適格課税事業者」に登録した者が発行した「適格請求書」（以下「インボイス」といいます）に所定の記載事項（適格請求書発行事業者の登録番号，区分した消費税額など）を記載し，取引先からの求めに応じてインボイスを発行する義務が課されます。また発行したインボイスの控えを保存する必要があります。前述の電帳法の改正に関連したところでは，消費税に係る課税書類は当面は「紙」で保存することが許容されますが，いずれはこちらも「電子取引」と同様に「データ」で保存することを前提に制度改正が行われることが予想されます。

インボイス制度は以下のスケジュールで導入が予定されているため，企業側の早めの対応が求められます。なお，経過措置として，免税事業者からの仕入税額控除割合（消費税部分のうち仕入税額控除に含めることのできる割合）は最初からゼロになるのでなく，2029年10月１日までに段階的に引き下げられることになっています。

（インボイス制度導入のスケジュール）
2021年10月１日 適格課税事業者の届出開始
2023年３月31日 登録申請の提出期限
2023年10月１日 インボイス制度開始

インボイス制度の導入に合わせ，適格請求書の作成に対応した製品やサービスがこれから市場に出てくることでしょう。

- 消費税の区分別集計を適切に行うには手書き帳簿や表計算ソフトは現実的でなく，インボイス制度の導入を機に適格請求書に対応した会計ソフトやサービスを使う流れが加速する
- 多くの会計ソフトはクラウドサービスとして提供される
- テレワークとクラウドサービスの相性がよい

このようなことから，今後はインボイス制度の推進に合わせてテレワークの促進を加速させていくことが予想されます。

また，2021年に発足した「デジタル庁」および「電子インボイス推進協議会（EIPA）」の主導により，電子化されたインボイスのグローバル共通仕様を定めた「Peppol」（Pan European Public Procurement Online，ペポル）の日本版仕様「Peppol BIS Billing JP」が策定され，2022年からのサービス提供が可能になるよう準備が進められています[5]。

「Peppol」は欧州各国を中心に30カ国以上で利用が進んでいますが，日本版仕様においてはインボイス制度の導入を見据えて「適格請求書（インボイスデータセット）」を提供することが決定しており，電帳法の改正と足並みを揃えた環境整備が進んでいます。

改正電帳法のもとでは電子データでの保存で済み，このように標準化された電子インボイスフォーマットに基づいて自社と他社との請求データのフォーマットも統一・標準化されることから，請求書作成業務の効率化が格段に進むことが期待されます。電子インボイスの普及が進むと，これまで行われていた「請求データ」から「請求書」という帳票形式に変換する手作業が不要になり，人を介さずに「請求データ」を受渡しできるようになるでしょう。究極的には請求データの授受自体を人を介さずに行うことが実現するかもしれません。

5　https://www.eipa.jp/peppol

テレワークにより時間や場所を問わず電子データの処理が促進され，電子インボイスの普及が人を介したデータ変換や修正などの作業を削減していくことで，あたかも人間の関節の「可動域」が広がるように経理業務の「可動域」も広がっていくのかもしれません。

9 アフターコロナの未来とは

コロナ禍が収束した後に，我々の目の前に突きつけられているのは，「テレワーク」型から「出社（オフィスワーク）」型に労働スタイルを戻すべきかどうかです。与えられた時間の少ないなかで「やむにやまれず」テレワークを実施してきた（もしくは実施せざるを得なかった）企業にとっては，環境面が貧弱なことから適切なコミュニケーションが成立しない状況が続くよりは，「出社」型に戻してこれまでのような労働スタイルを取り戻していくという思考になっていくでしょう。実際のところ，テレワークを一度は実施したものの生産性に影響が出たなどの理由により「出社型」に戻す企業も増えています。

たとえば，緊急事態宣言発出後，経理財務・会計担当者のテレワークに関する対応状況については「実施していない」と回答した企業が50％にのぼるというデータもあります（**図表１－13**）。

一方で，テレワークの労働スタイルをうまく社内に定着させ，「完全テレワーク」化を実現し，順調に業績を上げていく企業も出現しています。このような「出社」と「テレワーク」のよいところをうまく活用したワークスタイルを「ハイブリッドワーク」と呼びます。具体的には，以下のようなワークスタイルです。

オフィスワーク	協働作業，対面コミュニケーション空間としてオフィスを使う
テレワーク	集中作業，非対称コミュニケーション空間として自宅やシェアオフィスを使う

図表1-13　テレワークの実施状況

４月７日の緊急事態宣言発令後，あなたがお勤めの会社・団体等では，経理・会計担当者が現在どれくらいの頻度でテレワークを実施していますか。（予定含む　N=1000）

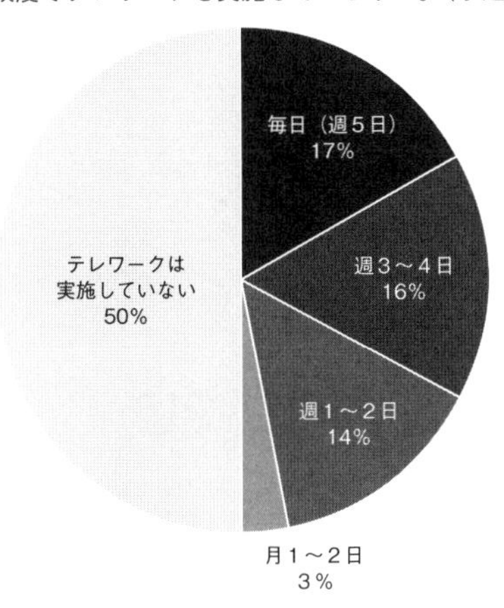

※小数点以下は切り下げ
（出所：MF KESSAI「経理財務・会計担当者のテレワークの対応状況」に関する調査）

いわゆる「アフターコロナ」の時代には，このような「ハイブリッドワーク」が，これからの私たちの社会に広がっていくことでしょう。ウイルスが完全に死滅することはありません。いわゆる「ウィズコロナ」時代に感染対策と経済活動を両立させるための１つの解として「ハイブリッドワーク」があるのです（**図表１－14**）。

そして，経理業務も前述の電帳法改正の後押しを受け，デジタル処理を前提に業務が再設計されていくことでしょう。結果的に，経理業務がテレワークと相性の良い業務として，デジタル処理を前提に組み立てられていく未来はそう遠くないのかもしれません。

図表1-14　ハイブリッドワークのイメージ

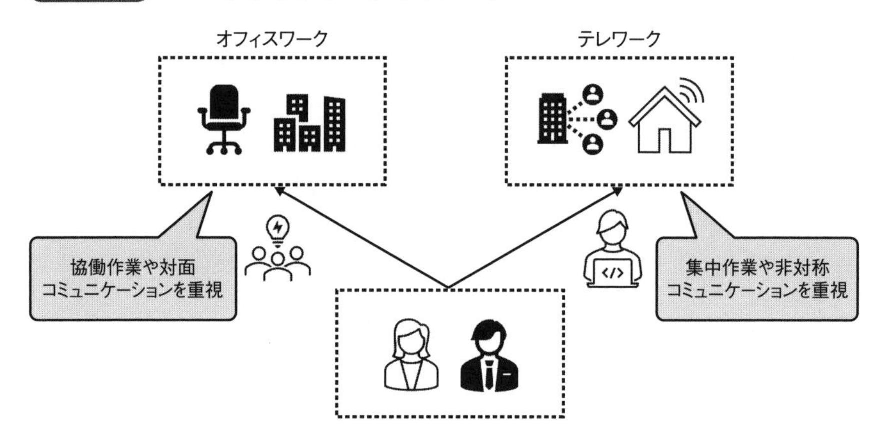

この章のまとめ

✓新型コロナウイルスの脅威は去りつつある。企業活動に対する影響は非常に大きなものになったが，従来の「会社に行って仕事する」というスタイルから「テレワーク」への転換が進み，社会構造の変化を促した

✓事業リスクへの対応において，新型コロナウイルスのような重大な事象に対してはBCP（事業継続計画）およびそれを管理する仕組みとしてのBCM（事業継続マネジメント）が必須となる

✓経理業務における事業継続リスクに対応するうえで「テレワーク」が有効な施策になる。書類やデータを扱うという特性を持つことから，テレワークは経理業務には特に有効である

✓経理業務におけるテレワークは「雇用・在宅型」もしくは「雇用・サテライト型」が典型的である。社会事情や雇用環境の変化を背景にテレワークは普及してきた

✓わが国におけるテレワーク導入状況はいまだ発展途上である。導入目的は「非常時の事業継続に備えて」「勤務者の移動時間の短縮・混雑回避」が多く，多くの企業で導入効果が実感されている

✓海外におけるテレワーク導入は，就業スタイルの多様性を反映して広く普及した反面，ワーク・ライフ・バランスやストレス面での課題が提起されている

✓電子帳簿保存法の改正やインボイス制度の導入は企業のデジタル化を促進する動きとなっており，テレワークを後押しする外部環境の変化が著しい

Column① テレワークの敵！「PPAP」と「PHS」

電子メールの習慣として定着している「PPAP」と「PHS」。お笑いタレントでもなければ携帯端末でもありません。

PPAPとは
Passwordつき Zip暗号化ファイルを送る
Passwordを送る
Aん号化
Protocol
の略で，「メールの添付ファイルをパスワードで暗号化してそのメールと同じ経路でパスワードを別に送る」手法です。多くの人が利用しており，一見セキュリティ対応ができているようですが，実はこの方法はセキュリティの面ではまったく機能しません。同じネットワーク経路のデータが奪取されてしまえばパスワードで容易にファイルを開くことができてしまいます。また，このような方法をとることで，メール受信者に「ファイル暗号化を解除する」という余計なひと手間をかけることになり，生産性を落とす要因にもなります。クラウド・ストレージの利用やデータの暗号化など，適切なセキュリティ確保ができる別の方法があります。

また，PHSとは
Printしてから
Hanko押して
Scanして送ってください
Protocol
の略で，提出書類への捺印を必須とするルールです。紙の書類と印鑑を前提としたフローは仕事をオフィスから解放することのボトルネックとなり，これも生産性の阻害要因です。印鑑に代わるものとなりうるのは電子署名やデジタルサインといった方法で，デジタルデータに対しても本人であることの証明や書類が改竄されていないことの証明は可能になります。

テレワークの時代には，このような習慣から脱して「いかに生産性を上げるか」という視点から解決方法を追求していきたいところです。

第2章 テレワークの実際と運用ポイント

本章では，第１章で紹介したテレワークについて，実際にどのような導入がなされているのか，事例を交えて解説します。

- 実際のテレワークの時間の使い方
- ワークスタイルにおける工夫
- 運用状況におけるポイント

本章で紹介する事例は大きく分けて以下の２つの形態を扱います。
- 日常的に行われるテレワーク業務
- （新型コロナウイルス対応のような）非常事態時におけるテレワーク業務

1 導入事例の紹介（日常編）

(1) 日常的なテレワーク実施の特性

まず，日常的に行われるテレワークの実施について解説します。これは従来から行われてきた「会社に出社して仕事をする」スタイルの一部について「テレワーク」という環境に切り出して行う仕事の進め方です。本来は会社で行う業務ですが，何らかの事情によって自宅や外出先（遠隔オフィスなど）において作業しなければいけないような状況になったケースを想定します。

日常的なテレワーク実施の特性として，以下の点が挙げられます。

- 一時的に業務の一部を切り出して社外で作業するが，仕事自体は社内で作業するのが効率的に進められる
- 業務に必要なデータは社内環境に保存されているものを「正」として保管する
- 社外で業務を行うスタッフの作業環境は限定的な機能・環境である

ケーススタディ１　リモート経理スタッフ

まず，経理業務におけるリモートスタッフの働き方をご紹介します。

（主な役割）

- リモート経理スタッフ（パートタイム）
- 稼働時間　９：00 - 18：00で週20時間以上の勤務
- 残業・土日作業なし
- 業務分掌　支払/給与計算/源泉所得税/仕訳登録

このケースの場合，就業時間内で働く時間を柔軟に調整することができます。日中に買い物や育児などで離席する場合がありますが，基本的には勤務時間のなかで自由に時間をコントロールすることができ，期待された役割に対して品質・納期の両面で適切なパフォーマンスを出すことを期待されます。

このケースでは原則として平日の残業や休日作業が発生しないという想定のため，指揮命令権を持つ管理者としては柔軟に時間管理を行うことができる反面，しっかりと成果の評価ができる環境を準備する必要があります。

このケースにおける職務分掌は，経理業務における「支払」「給与計算」「源泉所得税の計算」「会計仕訳の登録」といった典型的な経理業務の作業となり，

業務マニュアルに基づいた定型業務として社外で作業するという特徴があります。

作業環境は主に自宅のリビングです。特定の作業スペースは決めていないため，食卓テーブルの上にノートブックPCを広げるなどスペースを工夫して作業しています。ノートブックPCには外部モニターを接続して２つの画面を使い分けて操作していますが，テーブルがそれほど大きくないため家事や食事の時にはそれらの環境を撤収したり再度接続し直したり，といったひと手間が発生することになります。

このケースの典型的な１日のスケジュールは以下のとおりです。

図表2-1　テレワークのケーススタディ(1)

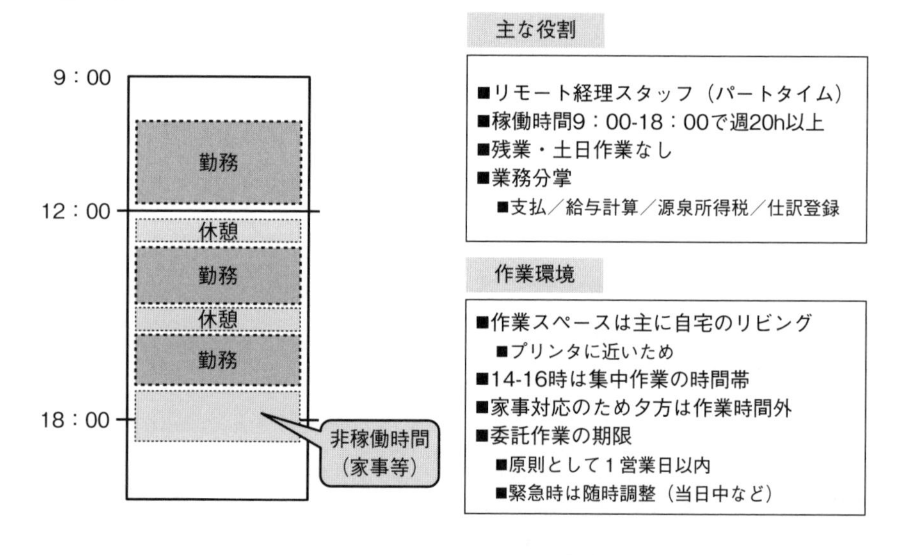

このケースの場合，家事対応のため午前中に集中できるまとまった時間をとることが難しくなります。また18時前後になると家事中心の時間になるため実質的に非稼働となります。そういった働き方のなかで，集中できる作業時間帯としては「平日の14時から16時」が最適になり，この時間帯をしっかり確保す

ることが業務の生産性を維持するためのポイントになります。

また，このケースでは管理者が作業を指示してから成果物が完成するまでの納期を比較的緩やかに設定しています。具体的には，原則として作業指示した日から原則として「１営業日以内」に成果物を完成するという納期設定で，「時刻」の指定は特段行いません。一方で，緊急で作業が必要になった場合にもこのようなスタッフに稼働してもらうために，緊急の連絡をいつでもとることができるような環境を準備する必要があります。そのため，このスタッフにはスマートフォンが会社から貸与され，メッセージのやりとりができるようになっています。後述するコミュニケーションツールをうまく活用することでこのような場面でも対処することができます。

このような働き方の結果，就業時間帯のなかで「10時から12時」「14時から16時」「16時から18時」がコアとなる作業時間帯となり，それ以外の時間は適宜休憩を挟みつつ家事なども行い，稼働していくことになります。

このケースにおけるコミュニケーションツールは主に以下の４つです。

- **メッセージングサービス**

Microsoft Teams/ Slack/Chatwork など。

緊急性が高く即時性が高いコミュニケーションに利用するほか，日常的な連絡や在席確認などにも使う。

- **グループウェア**

Microsoft 365/Basecamp/Backlogなど。

コミュニケーション記録を残したい場合や，過去の履歴を検索したい場合のやりとりに利用する。日中はグループウェアやメッセージングサービスを相互補完的に利用する。

・メール（eメール）

取引先とのやりとりなど，メールしか使えない相手とのコミュニケーションに利用する。メッセージングサービスやグループウェアよりも利用優先度は低く，あくまで限定的な利用にとどまる。

・タスク管理・ナレッジ管理など

Trello/Confluence/Asanaなど。

タスク管理を効率的に実現するとともに，組織の共有知を可視化し，場所や時間を問わずタスクの状況や組織のノウハウを更新・蓄積する。

これらのコミュニケーションツールをしっかり活用しなければ，緊急時の連絡をとりにくくなるということが起きるため，日常的にはチャットや電話などさまざまなツールを並行して使い分けます。このスタッフとマネージャーとの間での定例ミーティングは週１回（月曜日午前）に行っており，その週における通常作業やその週に予定している作業を棚卸します。作業中に何か問題が起きていれば，マネージャーが作業の量および品質を調整し，適正な業務負荷になるよう配慮します。対面のミーティングは月１～２回程度の頻度で行い，リモート・コミュニケーションによって生まれる孤独感やストレスに対応する工夫がみられます。

このような就業形態は柔軟な働き方を実現していますが，それでもいくつかのリスクがあります。まず，スタッフ自身の所在を確認しにくいという点です。スタッフが実際にデスクの前で作業しているかどうかを常に確認することができないため，急な依頼が必要になったときに，いつもいるかどうかわからなくなり，的確な指示を出しにくくなります。次に，リモート作業が中心となるため，日々の進捗状況の確認を細かくできなくなります。作業を指示したのちスタッフから完了連絡が入るまでは途中での進捗状況を把握できないため，複数のスタッフがこのような形態で稼働すると全体としてどのように進捗しているかを把握しにくいという状況に陥ります。このようなリスクに対しては，To-Doリストを毎日更新・メンバー間で共有し，作業時間に大きな齟齬がないかどうかを確認しつつ納期遅延に対する対策をスピーディーにとっていくというやり方でカバーしています。

なお，テレワークでは「作業途中」の状況を把握しにくいことから，従業員の作業を逐次監視したり，在席中であることを申請したりといった運用をする企業が複数見受けられます。ウェブカメラも配付されていることからこのような使用は当然想定されますが，このような運用は企業と従業員の双方にとって快適な作業環境から乖離してしまい，テレワークのメリットを生かすことができません。

いわゆる「マイクロマネジメント」のスタイルで従業員の一挙手一投足を監視するアプローチは，日々監視の視線にさらされる従業員にストレスを与えます。そのような環境で働くことは期待された成果を上げるための環境としては適していません。また，テレワークは仕事に従事する「振る舞い」でなく仕事の「成果」をマネジメントするスタイルが最もフィットします。目の前にいない従業員の「振る舞い」を追いかけても「成果」の評価にはつながらないのは自明です。

ケーススタディ２　リモート経理マネージャー

次に紹介するのは，フルタイムで経理マネージャーがテレワーク勤務しているケースです。このケースでは，本社が東京にあり自宅は関東近郊です。全社員の出社は原則として月２回に決められており，ほとんどの作業を「自宅」もしくは「自宅近くのレンタルオフィス」で行っています。

(主な役割)

・　経理マネージャー（フルタイム）
・　稼働時間　9：00－18：00 フレックスタイム制
・　残業・土日作業あり
・　業務分掌 経理業務全般
・　部下　２名

稼働時間は平日月曜日から金曜日までで，通常のフルタイム稼働になります。若干の残業時間が発生しますが，基本的には定時内で終了する想定です。職務分掌としては経理業務全般を管掌する経理マネージャーであり，資金管理を含む経理業務全般を取り仕切っています。月次での経営管理資料を作成するのも重要なタスクになっており，日々非常に多忙な時間を送っています。

作業環境として自宅近くのレンタルオフィスを利用していますが，回線の費用およびレンタルオフィス家賃の一部を会社が負担しています。自宅とレンタルオフィスの距離が近いため，昼食休憩などで自宅に帰宅する場合も多く，柔軟に仕事とプライベートの時間を使い分けています。出社タイミングが月２回と限られているため，経理部門ミーティングとして毎日の「朝会」で情報共有を行います。

この会社では裁量労働制を採用しています。午前中の勤務時間は９時から12時まで，午後は「13時から15時まで」「16時から18時まで」がコア作業時間帯になります。

このケースの典型的な１日のスケジュールは**図表２－２**のとおりです。

このケースでのコミュニケーション方法として，毎日の「朝会」の実施があります。これはオンラインおよびオフラインによって行われ，出社日においてはオフラインでメンバーとのコミュニケーションを行います。オンラインでは即時性を重視して「メール」「LINE」「チャット」といったさまざまなサービスを使い分けています。これらはコミュニケーションをとる相手によって使い分けており特に統一はしていないものの，実際は会社との緊急の連絡が多いため電話でのやりとりが大半という状況です。

このような形態でのテレワークの業務上のリスクは３点あります。まず，ケース１と同様に「メンバーの所在の確認がしにくい」という点です。テレワークにおいては所在の確認を行うためのツールとしてさまざまなものがあり，

図表2-2　テレワークのケーススタディ(2)

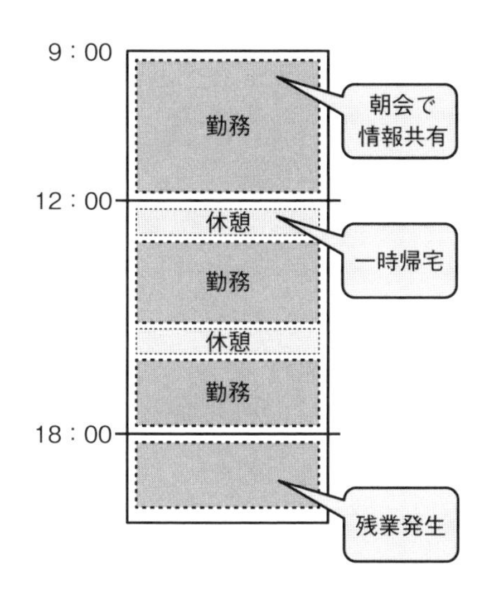

主な役割

■経理部門リーダー（フルタイム）
■東京本社と自宅を往復
　■本社への出社は月２回
■稼働時間月-金，９：00-18：00
■残業・土日作業あり
■業務分掌
　■経理業務全般（資金管理含む）
　■事業管理資料作成

作業環境

■自宅もしくは自宅近くのレンタルオフィスを利用
　■オフィス費用は会社が補助
■ほぼ会社にいるのと同じ作業環境
　■通信・電話環境など

「Google Meet」などのツールではステータスによって在席か離席中かがある程度確認することができるようになっていますが，本ケースでは私用のため一時的に離席するなどの状況に対応して作業中かどうかの目安を確認するにとどまっています。

次に，「集中時間帯の確保が難しい」という点があります。このケースの場合，周りで誰も見ていないがゆえに集中しにくい時間が多く，集中作業する時間帯をどのように確保するかが課題になります。

さらに，「事務作業におけるセキュリティの確保」が問題になります。たとえば，不慮の事態に備えて捺印するための「印鑑」やネットバンキングで認証するための「トークン」を常に持ち歩くという状況になってしまっており，セキュリティリスクが非常に高くなります。どこでも作業できるようにノートブックPCを日々持ち歩いていますが，紛失してしまった場合の対応が不十分という問題点もあります。このように一時的にテレワークを行う場合でも，コミュニケーションリスクへの対応を考えなければ，会社で作業すると同程度の生産性を維持するのが非常に困難になるため注意が必要です。

2 導入事例の紹介（非常事態編［新型コロナ対策への対応など］）

(1) 非常事態時におけるテレワーク実施の特性

次に，新型コロナウイルス対応のように「非常事態」時におけるテレワークについて説明します。非常事態時におけるテレワーク実施の特性として，以下の点が挙げられます。

- 原則として出社できないため，ほぼすべての業務を切り出して社外で作業する必要がある。社内外での効率に差が出ないようになる。
- 業務に必要なデータは社内環境およびクラウドに保存され，場所や時間を問わずアクセスできるように配慮されている。
- 社内外で業務を行うスタッフの作業環境は自宅や外部オフィスという制約はあるが，原則として社内と同等の機能・環境が求められる。

つまり「オフィスが主」「テレワークが従」という考え方から「テレワークが主」「オフィスが従」という考え方に転換し，テレワークが業務プロセスを運用する環境として強力に機能します。移動の制限が行われるような状況下では，このように分散した環境で一定の業務がこなせるような仕組み作りが大きな効果を発揮します。

ケーススタディ3　大手IT企業

テレワークの推進において，世界の先端を行く大手IT企業では具体的にどのような取組みをしているのでしょうか。

まず，IT企業の特性として各種ソフトウェアやツールを使いこなす土壌が確立されているという点が他の業種に比べて大きなアドバンテージになります。日々進歩するソフトウェアの世界で，自らそれらを使いこなすことでビジネスに生かすモチベーションが高いのが特徴です。また，自社で開発しているソフトウェアやツールも多いので，新たな機能をリリースする前に社内ユーザーに利用してもらってフィードバックを受ける「ドッグフーディング」という方法も有効に機能します。ドッグフードを開発する会社が，まずは自身で食べてみてその出来を検証するというわけです。

また，これらの大手IT企業ではオフィス環境の「集中」と「分散」をうまく使い分けています。米国Apple本社の巨大なオフィスは有名ですが，本社機能を極度に集積させる一方で，従業員にはテレワークをはじめとした柔軟な働き方を推奨しています。これらの企業は固定電話番号を早期に廃止して社内コミュニケーションをチャットやWeb会議に移行している点も特徴的です。

一方で，従業員が分散した環境で仕事をし続けることに対する孤独感への対策として社内イベントなどを頻繁に企画し，従業員エンゲージメントを高めていくことで生産性に影響しないような配慮も行われます。基本的には成果主義を徹底しているため，テレワークの最中の従業員の姿は評価されることはなく，すべて仕事の「成果」で評価されるシビアな世界ですが，多様な人材が世界から集まるなかでフェアな評価をするためにこのような風土が確立されたといえるでしょう。

コロナ禍においてはこれらの企業はテレワークを早期に開始して感染防止対策を進めるとともに，社会が元に戻る過程でどのようなワークスタイルが必要になるかを模索してきました。結果的に「テレワーク」と「オフィスワーク」を状況に応じて柔軟に組み合わせる「ハイブリッドワーク」が主流になりつつあります。

日本の大手IT企業でも新型コロナウイルス対策を機にテレワークの試みが始まっていますが，まだまだ「原則としてテレワーク」という運用が定着している企業は少数派です。そんななかでも，日本マイクロソフトやヤフーのように「ハイブリッドワーク」を早期から実践し，一方で業績も維持することで社会の期待に応える企業も出現してきました。今後も同様の運用が広がることが期待されます。

多くの企業では試行錯誤を経てテレワーク環境整備を支援するようになりました。スマートフォンやノートブックPCの貸与に始まり，次のようなさまざまな試みにより，快適にテレワーク環境を構築しようとする動きがみられます。

- テレワーク環境整備のための機材購入支援
- デスクや椅子など，テレワーク環境に合わせた什器備品の購入支援
- 通信回線が強力でない環境に向けた回線費用の負担

このような動きが加速していくことで，日本でも「ハイブリッドワーク」がスタンダードになっていくかもしれません。

この章のまとめ

✓日常的なテレワーク実施の特性は以下のとおりである
- ▶一時的に業務の一部を切り出して社外で作業するが，仕事自体は社内で作業するのが効率的に進められる
- ▶業務に必要なデータは社内環境に保存されているものを「正」として保管する
- ▶社外で業務を行うスタッフの作業環境は限定的な機能・環境である

✓リモート経理スタッフやリモート経理マネージャーのケースでは，就業時間中の柔軟な時間の使い方や密なコミュニケーションがポイントになる

✓世界的な大手IT企業ではテレワークを活用する風土が早くから確立されてきた。日本の大手IT企業でもテレワークの就業スタイルを支援するさまざまな取組みが行われており，オフィスワークとテレワークのバランスをとる「ハイブリッドワーク」の実践が進んでいる

第3章 経理業務へのテレワークの導入プロセス

本章では，経理業務におけるテレワークの導入プロセスについて説明します。テレワークに向けた準備には，大きく4つのプロセスがあります。

- 導入検討
- 業務環境整備
- 業務の調整
- ITインフラの整備

以下，これらについて説明していきます。

図表3-1 テレワークの導入プロセス

導入検討	業務環境整備	業務の調整	ITインフラの整備
・導入目的検討 ・導入範囲検討 ・導入効果想定 ・所要コスト見積り	・定型／非定型業務の区分 ・導入範囲の決定	・就労ルール調整 ・データ保管ルール検討	・セキュリティポリシー見直し ・オンプレミス環境整備 ・クラウド環境整備 ・社内ネットワーク設定 ・アクセス権限付与

1 導入検討

(1) 主な準備活動

テレワーク導入に向けた準備のために，以下の要素を想定します。

• 所要期間

通常であれば１カ月程度もあれば業務の調整を含めて導入は可能ですが，非常時は時間の余裕がないので，数日～２週間程度の準備期間しか確保できない場合があります。その場合はトラブルを避けるため，導入範囲を限定して進めていきます。全社一斉に進めるのは準備期間も必要で，リスクも大きくなるため，失敗してもダメージが少ない範囲で小さく始めるのがよいでしょう。

通常のプロジェクト同様に「テレワーク導入プロジェクト」としてプロジェクト計画を策定できれば理想的ですが，時間が限られているなかで準備は必要最低限にとどめて「見切り発車」になってしまうケースが多いのが現実です。できるだけ導入に伴う混乱がないように進めたいところです。

• 所要コストの見積り

テレワークの導入にあたって，発生コストを見積ります。実際の支出を伴うコストのほか，テレワーク準備にあたる社内従業員のコストは表面化しないた

図表3-2 所要コストの例

項目	内容
社内コスト	・対応要員の調整 ・プロジェクト計画 ・作業進捗管理 ・運用管理
社外コスト	・環境整備 ・ハードウェア（PC, スマートフォン, タブレット, モニタ, マイク, スピーカー） ・ネットワーク（通信機器，回線） ・その他の機材（デスク，椅子など）

め，所要コストに含めて計算します。

⑵　トップダウンでの導入推進（テレワーク導入のボトルネックとは）

テレワークは，それまで「会社で仕事をする」というスタイルで進めてきた会社にとってはまったく異なる就業スタイルになります。そのような会社にとってテレワークに移行していくということは，「仕事の進め方」「職務分掌」「組織の風土」といったあらゆる観点から大きな変化に見舞われるということになります。必然的に，実施に対する従業員の抵抗や反発が生まれがちです。

テレワーク導入のボトルネックとなるものには以下のものがあります。

- 「できない理由」を探すこと
- 必要性やニーズに対するトップの理解が不十分

まず挙げられるのが，「テレワークができない理由を探す」です。これは単純にテレワークを苦手としている人に加えて，テレワークによって仕事が可視化されることに対して本能的な反発を覚える人が見せる振る舞いになります。仕事のやり方が今まで慣れ親しんできた方法に比べて大きく変わることになりますので，仕事の現場として「急に仕事の方法は変えられない」または「お客さんに対応できない」といった理由づけによって導入のボトルネックになっていきます。

大きな組織の場合，テレワークに踏み切るのはコスト面・環境面でも重大な判断になるため，一度テレワークに踏み切ったものの出社型のスタイルに逆戻りするケースがみられます。

たとえば，緊急事態宣言下でいったんは「原則としてテレワーク」に踏み切ったものの，「会社の書類をデータ化するのが大変，スケジュールがタイトなので会社に行ったほうが早い」という理由からテレワークを断念した経理部門の例があります。現実問題として，書類のデータ化は環境整備が必要になりますし，短いスケジュールではそのような準備も十分に進められないこともあるため，テレワークのメリットを実感することもなく廃止してしまうこともあるでしょう。

また，そのような組織の場合はやむを得ずテレワークでなく出社型になるわけですが，会社に来れば曲がりなりにも仕事は進んでいくので「テレワークより会社のほうがいい」という判断をしがちになります。実際に試すことなく，テレワークのメリットを実感する以前の判断でそのような結論に飛びついてしまうのは，いささかバランス感覚を欠いているように思われます。

導入のボトルネックとして次に挙げられるのは，「テレワークの必要性やニーズに対するトップマネジメントの理解が十分でない」です。この場合には，トップマネジメントの理解がないことから，そもそもテレワークというものを導入する契機が出てこない，またはテレワーク導入の機運に対して芽を摘むような行動が出てくるといった状況が起きます。

ここで留意したいことは，新型コロナウイルス対応のような非常事態において，場所や時間の制約があるなかで生産性を維持し実績を作っていくためには，企業がテレワークを活用して業務を進めていくことがもはや不可避になりつつあるということです。そういった状況でトップ自身がテレワークを使いこなすことができなければ，そもそも生産性の向上というものは見込めませんし，組織の方法論を大きく変革することは不可能です。

テレワークの導入にあたっては，現場からは必ず「融通が利かない」または「今までのやり方を変えたがらない」という抵抗が出てきます。そのような言い分自体には耳を傾ける必要がありますし，十分にコミュニケーションをとる必要があります。就業環境としてこれまでの環境に慣れ親しんでいれば，できればそのままがいいと考えるのは道理といえます。したがって，テレワーク，クラウド・サービス，オンラインミーティングにまったく馴染みがない組織であれば抵抗感が出てくるのは仕方のない面もあります。

しかし，このような非常事態下に及んではそのようなことを言ってもいられず，企業としては否応なしにリモート環境を前提とした仕事の進め方や作業の管理方法というものを考えざるを得ない状況になっていきます。この流れは不可逆であり，これまでの「会社に出社して働く」が主たる就労環境に戻ることはおそらくないでしょう。仮にそうであるならば，早めにテレワークの業務に習熟して生産性を落とさずに移行して新たなノウハウを蓄積していかなければなりません。

このような観点からはテレワークの導入においては「現場の理解」が必要であるとともに，トップマネジメントがしっかりテレワークの必要性とニーズを認識してトップダウンでの導入を働きかけていく必要があります。責任者の立場からは心理的ハードルが上がりますが，この非常事態を契機として「自社の仕事のやり方を見直す必要がある」ということをしっかりアピールする必要があります。

テレワークの導入は現場から声を上げてトップの決断を促すというのが効果的ですが，一方で今までの仕事のやり方（出社を前提とするスタイル）では立ち行かないという理由づけも考えていく必要があります。トップマネジメントとしては仕事のやり方を変更しなくても業務がスムーズに進んでいれば問題視しないことも多いため，テレワークの推進によって現場でより生産性が高くなり業務効率もよく進めることができるということの意義やメリットをしっかりアピールしなければなりません。

また，テレワーク導入にあたっては以下の要素も分析する必要があります。

- 必要コスト・リソース
- 期待効果
- リスク

コストは主に導入に伴う「ハードウェア」や「ソフトウェア」の環境準備のためのコストになります。一方で可視化しにくいコストとして，社内の仕事の仕組みを見直すための業務設計にかかる時間や業務改善にかかる時間（これもコスト）があります。これらの時間は無視できないボリュームになるため，仮に短期間でテレワーク環境を立ち上げる場合にはこのような時間も十分には用意されないことになります。

しかし，業務の範囲や分担仕事の責任分解を見直さないで単純に仕事をテレワーク環境に移管してもうまくいきません。現在の業務のなかで，どこを切り出してテレワーク対応とするべきなのか，特に経理業務においては職務分掌と整合するように業務設計をする必要があります。コストやリソースは準備段階でしっかり見積っておきましょう。

テレワークの期待効果はコスト効率のように可視化できるものと，職場の風土の改善やエンゲージメントの向上など可視化しにくいものがあります。これまで行っていた業務がより少なく運用できるようになれば，相応の効果があったと考えることができるでしょう。テレワークを的確なスコープに基づいて導入し，あるいは正確な目標設定のもとに導入することができれば，社内で仕事するのと同等もしくはそれ以上の生産性を発揮することが可能になります。結果として余剰人員が最適化されスリムな組織に生まれ変わることも可能かもしれません。

この状況を裏返して考えると，「これまで組織に守られていた人材がテレワークを機会に会社に守ってもらえない」社会が到来する可能性もあるということです。そのような未来は非常にシビアなものになります。しかしこういった点も踏まえつつ，会社にとってどのような効果があるかということをテレワークを推進する立場からはしっかり認識しておく必要があります。

⑶　リスクマネジメントの視点から複数のプランを想定する

テレワークの導入にあたっては，リスクマネジメントの視点からも考慮することがあります。前述のとおり，企業はさまざまな事業リスクにさらされていますが，特に非常事態（新型コロナウイルス対応など）では状況の変化に応じて複数のリスク対応プランを想定します。リスク対応プランには「プランA」「プランB」といった名称をつけて，リスクの度合いに応じて複数のアクションを想定します。そして想定した条件が発動次第，順次それらの施策を打っていくという考え方です。たとえば以下のように想定します。

プランA（外出自粛期間）

- 原則として出社を認めない。
- 出社は上長の承認を必要とする。
- 対外的な接客は原則オンラインとする。オフラインで接客する場合は上長の承認を必要とし，所定の対策を講じて実施する。

プランB（外出自粛期間の解除後）

- 限定的な出社を許容する。
- 出社は上長の承認を必要とするが，事後報告でもよい。
- 対外的な接客は原則オンラインとする。オフラインで接客する場合は上長の承認は不要だが，所定の対策を講じて実施する。

新型コロナウイルス対応のような非常事態下においては，事業をいかに継続し経済を回していくかということを試行錯誤しながら決めていく必要があります。事業継続計画は事前に策定される必要があることに加えて，形骸化させず実効性のある計画として実際の運用に耐えられるよう設計します。

もっとも，プランBを作るための時間も手間もかかるのであえて複数のプランを作る必要がないと考えることもできますが，1つの案だけで行き詰まったときに（別のリスクが出てきてその案が立ち行かなくなったときに），代替案をいくつか用意しておくことでスムーズに次の施策に移ることができます。

テレワークに対するこれまでの考え方は，あくまで「会社に出社して仕事をする」ことが主であり，テレワークは副次的に業務を継続させる手段としてあくまでオフィスワークを補完するような位置づけでした。

プランＡやプランＢでは，平常時のようにオフィスワークを行うことが成立しないような状況を想定しています。テレワーク自体が自律的に機能するような業務設計に移行することが前提になってきます。このような業務環境はテレワーク未導入だと想像しにくいですが，業務におけるテレワークの重要度をどう位置づけるのか，特に業務リスクを低減するにはどのように位置づけるべきかを事前に想定しておく必要があります。このような想定の結果，「オフィスワーク」と「テレワーク」をバランスよく運用する「ハイブリッドワーク」に収れんしていくでしょう。

さらに状況が進展した場合にはどうするのか，プランＣやプランＤなどいくつかのプランをあらかじめ想定しておけば，いざそのような状況になってもその場で慌てて検討することなくスムーズに業務環境の移行を進めることができます。

- プランＣ（外出自粛が延長し，当面続く場合）
- プランＤ（外出自粛が解除された場合）

その場合に元の「会社に出社する」形態に戻っていくのか，それとも「テレワークを主とした就業環境を定着させていくのか」は，企業のテレワークへの重きの置き方により変わってくるでしょう（筆者は後者の「テレワーク主体の社会」に進んでいくのではないかと考えます）。

テレワーク対応において複数のリスク対応プランを想定するときの判断基準としては以下が挙げられます。

- 公共交通機関の稼働状況
- 自治体の取組み状況
- 同業他社の対応状況
- 従業員のテレワーク環境の習熟度やストレス
- 企業カルチャーへのテレワークの感度

2 業務環境整備（対象業務プロセスの検討）

おおまかに導入範囲とスケジュールを決定したら，次にテレワーク導入対象とする業務環境の整備を行います。具体的にはテレワーク対象とする業務のスコープを明確にし，範囲内の業務における企業側・従業員側のそれぞれの環境整備を行います。

(1) 「できればテレワーク」と「原則としてテレワーク」の違い

テレワーク対象とする業務プロセスを決定するにあたり最初に考えたいのが，業務環境におけるテレワークの位置づけです。つまり，次のどちらかということになります。

- テレワークを「オフィスに出社して仕事する」スタイルを補助するサポート業務として位置づけるか
- テレワークを「原則的なスタイル」として位置づけ，オフィスへの出社を副次的な位置づけにするのか

図表3-3 「できればテレワーク」と「原則としてテレワーク」

"できればテレワーク"	"原則としてテレワーク"
・出社が原則 ・在宅勤務は例外 ・主な情報は社内にあるので会社に行かないと見られない ・ミーティングは対面が原則 ・成果物は社内サーバに保存	・テレワークが原則 ・出社は例外（必要時のみ） ・主な情報はクラウドにあり，どこでも見られる ・ミーティングはリモート ・成果物はクラウドに保存

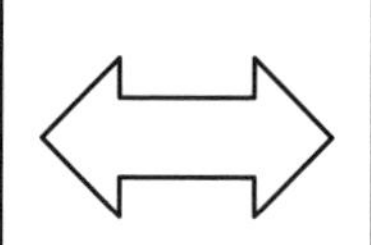

平常時においては，あくまでオフィスに出社するということを前提にテレワークの範囲を検討する「できればテレワーク」になりますので，オフィスで対応する必要がある業務はテレワークの対象範囲外となります。

一方で「原則としてテレワーク」のケースは，非常事態の状況下で「オフィ

スに行くことが推奨されない」場合になります。このようなケースでは，なるべくオフィスで仕事をせずにテレワークで仕事が完結するような工夫をしていく必要が出てきます。そのため，テレワークの例外とする業務をいかに最小化するかという点が検討ポイントになります。また，テレワークを原則とするならば，取り扱うデータは原則としてデジタル化され，共有フォルダなどで一元管理されることが必須になります。

今後の世の中がテレワークを前提としたものに変容していくかどうかは予測が難しいですが，多くの企業でテレワークの効用が評価された結果，出社型労働と併存する形で徐々にテレワークが定着していくことが予想されます。そのような世の中になったときに自社の立ち位置をどのようにしていくのかを，導入段階でもある程度イメージしておくのがよいでしょう。

コロナ禍において，緊急避難的な対応でいったんテレワークを導入したものの，感染状況の収束に伴い原則としてオフィスワークに戻した会社が多く出てきています。日本トレンドリサーチの調査[1]によれば，「テレワークによりストレスは少なくなる」と考える割合は高い一方で，「業務効率が落ちる」と回答した割合が50%を上回るなど，テレワークを自社に適用するうえでハードルが高いと感じている企業が多いことがわかります。

このようになった原因としては，テレワーク実施にあたって十分な業務の見直しができず，結果的に生産性が低下してしまったこと，テレワークのメリットを実感できるような施策が不十分だったことなどが考えられます。こうした企業にとっては，テレワーク・オフィスワークそれぞれのメリット・デメリットをもとに，あるべき業務設計の方向性とワークスタイルとのバランスを再検討することが肝要です。

1　https://trend-research.jp/9709/

⑵ テレワークの導入スコープ 経理業務とそれ以外

業務範囲の検討にあたっては，「テレワークと相性の良い業務」と「テレワークと相性が良くない業務」の切り分けに留意しましょう。

テレワークと相性の良い業務は以下の特徴があります。

- 定型業務であること
- マニュアル等により作業手順が明確であること
- 業務データを電子的に共有できること

これらの点に鑑みると，経理業務は比較的「テレワークと相性の良い業務」と位置づけることができ，その他の業務に比べて導入におけるハードルが低くなります。

逆に，テレワークと相性が良くない業務には以下の特徴があります。

- 複雑かつ多面的な判断が必要であること
- 物理的に集まり，話し合わないと進展がみられないこと

このような特徴を持つのは，判断業務を中心とした非定型作業が代表的で，自動化が困難かつ人間が得意な領域です。テレワーク導入後においてもこのような判断業務はゼロにはなりませんし，すべてをオンライン化していくことは不可能ですが，これをいかにリモート環境で実現し，ボトルネックを解消していくかという視点を持って検討しましょう。

経理業務における導入スコープの検討にあたり，「データの取り回しによって業務が進行する」という特徴に留意します。経理処理は「請求書」「見積書」「納品書」などの証憑書類を起点として「データ入力」「データ処理」「判断」「データ出力」といったさまざまな作業の連続で構成されます。データ処理によって「伝票」「仕訳帳」「総勘定元帳」などの会計データが蓄積されていきますが，これらはすべて「データ」として管理可能な情報になります。このよう

な業務について，テレワークに対応することができるかどうかを切り分けていきますが，「データ」をもとに取り回せるという特性がある以上，ほとんどすべての作業をテレワークで行うことは容易です。

逆に，経理業務でテレワークの対象外とする業務をどのように決めるのでしょうか。原則的な判断としては，「印鑑の使用が必須」や「紙の書類作成が必須」など，オフィス外に持ち出すのが難しい場合にはテレワークの対象外になります。ただし，これはあくまで「日常」における状態であり，「非常事態下」においてはそれらもすべて「データ」で取り回すことができるよう新たな工夫を加えていく必要があります。現実的なアプローチとして，捺印書類を作成するタイミングを定期的に決めておく（たとえば「月に１回」や「週に１回」など）として，書類の取り回しはその日に集中して一気に行うという考え方は出社頻度を大きく下げる方法として有効です。

平常時と異なり，さらに緊急度が高まりテレワークが必須になるような状態（つまり出社禁止になるような社会情勢になった場合）にはどう判断するべきなのでしょうか。新型コロナウイルスのような歴史上稀にみる疫学的な危機の場合，安全重視の観点がより重視されますので，「とにかくオフィスに出社しない」「移動しない」といったことを徹底する必要があります。したがって，どのような場合でも出社を回避できるような業務フローを想定し，たとえば「捺印が必要な書類はすべて電子サインに変更する」「書類郵送は原則として行わない」などの対応をより徹底していくことになります。

このように全面的にテレワークに移行した場合には当然弊害が伴うので，業務への影響をどのように最小限にしていくかについては，「できない理由」でなく「やれる工夫」を追求してみましょう。

⑶　経理業務における業務環境の整備

次に，経理業務のなかでテレワークに対応する業務環境の整備を行います。経理業務においてテレワーク対応可能な範囲を以下に図示します。

クラウド会計ソフトの運用を前提とすると，テレワーク可能な業務の範囲はより広がりをみせています。

図表3-4　テレワーク可能な業務の範囲

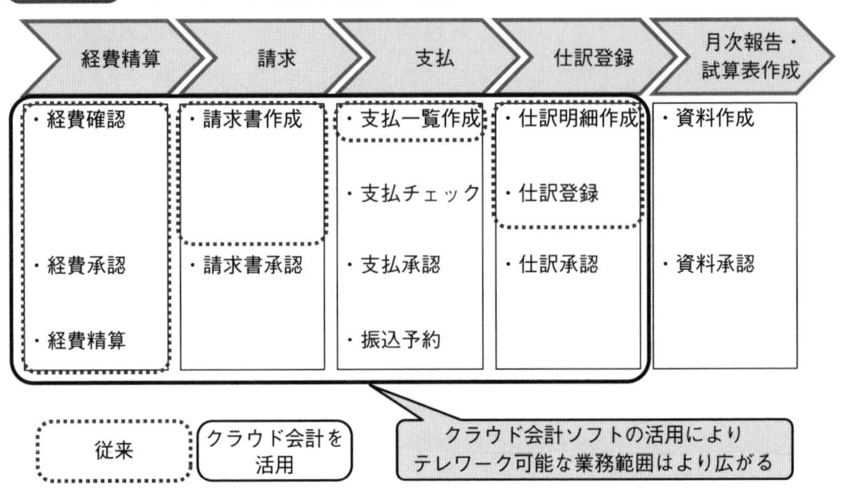

経費精算業務は承認フローが電子化されていればほとんどの業務をテレワーク対応することが可能です。証憑書類のチェックをする場所が本社に集中している必要はありますが，これも「紙」の書類を「データ」に変換することでリモート対応が可能です。

請求業務においては，「請求書の作成」が主たる作業になります。これも「紙」を前提とせずに「データ」で完結することを目指せばテレワーク対応は容易です。請求書作成・発行について，承認を含めたワークフローで運用することで，ほとんどの請求書業務をテレワークで処理することができます。

また，請求書を受け取る側として，支払請求書を作成する取引先にもテレワークに協力してもらうよう依頼すれば，お互い「紙」のデータをやりとりすることなく「データ」で業務が完結する姿に近づいていきます。自社のみならず取引先を巻き込んだ請求フローの確立が，テレワーク対応の追い風となるでしょう。

支払業務においては，支払の起点となる証憑の取りまとめやチェックがボトルネックになりやすい特徴があります。これも証憑書類の電子化を通じてリモート対応を進めることができます。経費精算や請求業務と同様に，支払業務についてもチェックや承認といった処理をワークフローで行い，会社に行かずに処理を進めることが可能です。

また，支払業務でボトルネックとなりやすいのは，銀行で支払を行うときに必要な端末や「トークン」などの物理的なハードウェアの制約です。銀行振込みを行う場合に，特定のアプリケーションがインストールされたPCでないと操作できない場合も多く，振込承認を行うための「認証トークン」や，それらを使って発行した「ワンタイムパスワード」を利用することも多くなります。これらの物理的デバイスはむやみに外に持ち出すことが難しいため，どうしても会社に出社して行う作業になりがちです。

仕訳登録作業はほとんどの証憑書類を電子化していればテレワーク対応が容易になります。月次処理における経費仕訳の登録や「給与計算」「売上登録」といった作業も，手入力でやっている限りリモート対応というのは限界があります。これをいかに自動化していくかという観点が非常に重要な検討ポイントです。具体的には，後述する「クラウド会計ソフト」などを利用して銀行口座やカード明細との連動により手入力を廃止/削減し，請求書作成や支払経費精算のアプリケーションともデータ連動して自動化する方法が考えられます。

3　業務の調整

経理業務のテレワーク環境整備において重要なポイントは以下のとおりです。

- 労働時間や勤務体系
- 規程類の見直し

- データポータビリティ

⑴ 労働時間や勤務体系

テレワークを導入するにあたっては，従来型の始業終業時間の管理に基づく労務管理にとどまらず，フレックスタイム制や裁量労働制など柔軟な勤務形態を受け入れていく必要があります。テレワーク環境は目の前に従業員がいない状態で仕事を回していかなければならないので，就業時間帯の「振る舞い」を管理するよりも時間の使い方の効率を高めた「成果」にフォーカスした管理が有効です。会社が従来定めている就業規則においてはこのような定めを行ってないことが多いため，テレワークの実施にあたって労使間での協議に基づきフレックスタイム制の導入や裁量労働制の導入といった勤務形態の変更を会社として承認しておきましょう。

テレワークにおいて留意するべきポイントは，「休憩時間」や「移動時間」や「深夜時間」の扱いです。テレワークに従事している従業員が，就業時間中の休憩をどのタイミングでとるのか，また，移動時間をどのように把握するのかというのは，会社で仕事をするスタイルに比べると管理しにくくなるのがテレワークの特徴です。したがって，「休憩時間」や「移動時間」の申請が本人の自己申告による限り，それらを検証する手段はほとんどないといえるでしょう。

また，残業時間については，テレワークになったとしても労働基準法の規制を受けます。20時以降の勤務であれば超過勤務手当を，22時を超えた勤務であれば深夜時間手当を会社として支払う必要があります。

よくある誤解として「テレワークにすると残業代を支払う必要がなくなる」というものがありますが，これは間違いです。テレワークを導入するかしないかにかかわらず，雇用契約に基づいて従業員に勤務させることは労働基準法の規制を受けます。そのため，法に定める超過勤務時間に基づく超過勤務手当（残業手当）を支払わなければならない点は変更がありませんので注意してください。

⑵　規程類の見直し

このように勤務体系の見直しを行ったら，社内ルールブックとして「就業規則」「賃金規程」などにその見直しの内容を落とし込んでいきます。既存の就業規則や賃金規程については，たとえば以下の点について変更を行います。

・勤務形態

それまでの始業終業時間管理を前提とした勤務形態から，就業時間を従業員の裁量をもって管理できるような勤務形態に変更します。ここでは「始業・終業時刻」や「フレックスタイム制におけるコアタイム時間帯」「みなし残業時間の範囲」の見直しのほか，「テレワーク勤務を原則とするか例外とするか」「出社にあたり会社の承認を要するか否か」といった点の検討を進めます。

勤務形態変更のパターンとしては，次のようなものがあります。

- 「原則として出社とし，テレワーク勤務には上司の承認を要する」（在宅承認制）
- 「原則としてテレワーク勤務とし，出社には上司の承認を要する」（在宅非承認制）
- 「原則としてテレワーク勤務とし，会社の指示がある特段の場合を除き出社を求めない」（完全在宅制）

・諸手当の支給

テレワーク勤務を促す意味で，追加的な手当の支給を検討します。たとえば「リモート手当」「テレワーク手当」などの名目で手当を支給することで，従業員が自宅作業を整備するための環境作りを会社が支援することができます。従業員はこれら諸手当をもとに，自宅のネットワーク環境やオンライン会議環境の整備のために投資することが可能になります。

諸手当の追加支給のパターンとしては，①一時金としてテレワークを行う全従業員に一律支給する（数千円～数万円前後），②月額手当として定額を支給する（月額５千～１万円前後）などがあります。たとえばメルカリにおいては，従業員のテレワークを支援する一時金として一律６万円を支給したという例があります。

• 通勤交通費の見直し

テレワークに変わることで，毎月定常的に支払っていた通勤交通費は必ずしも必須の支出ではなくなっていくことでしょう。出張旅費精算のように，出社した日数に応じて移動交通費を都度精算する考え方も今後増えていくと予想されます。

通勤交通費支給のパターンとしては，次のものがあります。

- テレワーク勤務においても月額定期代を従前どおり支給する
- テレワーク勤務の従業員については，月額定期代と立替交通費を場面に応じて切り替えて支給する
- 通勤交通費の支給を一律で廃止し，出社にあたって発生した立替交通費は経費精算等により都度精算する

テレワークに対応した勤務規程を作成するにあたっては，従前使用してきた勤務規程を見直すほか，日本テレワーク協会が発行している「テレワーク勤務規程のひな形」（厚生労働省労働基準局「テレワークモデル就業規則～作成の手引き～」）[2]等を参考にして作成することもできます。特に労務管理関連の規程整備を十分に進めてこなかった会社には，これらのひな形を利用するのが有効です。テレワークに対応した勤務規程の変更例については，**第７章**および Appendix 2 のモデル規程も参照してください。変更前と変更後でどのような変化があるのか，具体的なイメージがわかります。

2 「テレワークモデル就業規則～作成の手引き～」（http://www.tw-sodan.jp/dl_pdf/16.pdf）

⑶　データポータビリティ

データポータビリティとは，業務処理に使うデータを必要な範囲で社外に持ち出して使うことができるようにする対応のことです。テレワークにおける業務データのポータビリティ確保は，場所や時間の制約を受けずに安定して作業をするための前提となります。従来型の組織であれば社外にデータを持ち出すことは原則として認められず，データを持ち出す場合でも例外的にルールを定めるという方針が主流であったかと思われますが，テレワーク実施にあたってはこのような社内ルールとの調整を行って「持出しができるもの」「持出しができないもの」の切分けを行います。

社外に持出し可能であると決定したデータについては，次のような各種ルールを定めます。

- データの持出し方や制限
- データ管理の方法
- 承認の方法

ここで意識したいのが「データの保管レベル」という考え方です。後述する情報資産レベルにも関係しますが，データの保管レベルとして情報の秘匿性や機密性に基づいて何段階かのレベルを考えていくというものです。テレワーク可能な業務に関して持出し可能とするデータの範囲を決定するにあたっては，このデータ保管レベルに基づいてどのようなデータであれば社外に持ち出すことは許されるのか，あらゆる環境でも持ち出すことを許さないのか，といった区分をしていきます。

たとえば「顧客データ」は，持出しに一定の制限をかけるべき典型的なデータですが，顧客データがなければ業務処理を行えないような種類の仕事であればあまり制限をかけられては困ります。経理業務においては秘匿性の高いデータの取扱いはあらゆる場面で発生します。そういった状況のなかで持出しが許されないようなデータ（たとえば個人情報など）は，厳格な管理のもと，どこまでテレワークで扱うことができるかを検討することになります。どのような状況でもテレワークで処理することが許されないとするならば，処理環境としてリモートアクセスで本社内のデータにアクセスできるような環境作りを行いましょう。また（これは例外的に検討するべきですが）テレワークではなく出社を前提とした業務処理と位置づけて，あらゆる状況のなかでもデータの持出しを認めないというやり方も考えられます。

テレワークにおいては，データポータビリティが確保されているということを前提に業務をする必要がありますので，検討段階では例外をあまり設けず，原則としてすべてのデータについてテレワーク対応できるようにするという視点で検討する必要があるでしょう。

⑷　経理業務の特性

経理業務の場合，「紙」の書類や大量の「データ」を取り回すという特性があるため，特に承認フローにおいて，電子データでどこまで対応できるかという点が重要なポイントになります。

取引先から「紙」の書類が送られてくる以上，それらを管理保管するということは避けられませんが，業務処理においては証憑データとしてそれらを「紙」という環境でなく「データ」という環境で取り回していかないと，テレワークにおいても処理のボトルネックとなり，スピードや生産性にも影響が出てきます。「紙」と「データ」を取り回す業務を「データ」中心に変えていくためにおすすめの方法としては，社内外でやりとりするすべての「紙」の書類をハンディスキャナーやフラットベッドスキャナーなどのスキャン機器でいったん「データ」の形式に変換してしまうことです。「データ」に変換してしまえば，あとは経理処理において原始資料が「紙」であったとしてもすべてデータとして取り回すことが可能になりますので大きく生産性を上げることができます。

ただし，このような環境に変えていくことは一朝一夕にはいかないこともあるでしょう。そこで，段階的に「紙」を「データ」に変換するためにまずどのような対応が必要なのか，たとえば以下の点を検討します。

- 部署内で誰がデータ化するための作業に従事するのか
- スキャン環境をどのように手配して運用するのか

専任の担当が「紙」の証憑書類を「データ」に変換する作業をひたすらやり続けるというのが最も効率的に思えますが，あまり現実的ではありません。かといって経理部署内の各メンバーがそれぞれスキャンのために時間を割くことは最小限にしなければいけないでしょう。こういった状況において考慮するべきは，次の２点に集約されます。

- スキャンの操作を容易にすること
- データの保持を一元化して誰でも閲覧可能な状態にすること

操作を容易にすることとは，たとえばスキャン機器をその都度セットアップしたり立ち上げたりといった手間がないような状態にしておくことです。おすすめの方法としては社内の共用スペースでスキャナーを常に稼働できる状態にして，「誰でも」「いつでも」書類をスキャンできるような環境にするのがよいでしょう。

社内ではこのようなやり方ができますし，テレワークにおいてはハンディスキャナーをメンバー各自がテレワーク環境で常備することで，「紙」の資料を社外に持ち出したとしても自宅や外部スペースでスキャンすることができるでしょう（スキャン機器のハードウェアコストは考慮する必要があります）。もっとも，郵送される「紙」の書類が届くのは会社の本社や経理部門といった一定の場所でしょうから，スキャンする場所もそこに限定しておき，「紙」の資料がなるべく散逸しないように工夫する必要があります。経理部門のメンバー各自がどこでもスキャンできるようにすることは一見便利ですが「紙」の資料が散逸し管理しにくくなるという欠点がありますので注意が必要です。

また，「紙」の資料を「データ」に変換するにあたって考慮するべきは，「紙」で作成される証憑の保管期間です。会社法では10年，税務上は最大９年という保管期間の制約があるため，原則としてそれに合わせた文書保管のルールを決める必要があります。例外的に電子帳簿保存法に基づいて「紙」資料をスキャンして保存し原始証憑を廃棄することも可能になりますが，これはある程度証憑書類のボリュームがある大規模な企業向けの対応になります。事務的な手続法令を守るためのルール作りには相応の工数を要するため，電子帳簿保存法にこだわってテレワーク対応を進める必要は必ずしもありません。

経理業務特有の問題点として，「捺印が必要な書類」があります。 起票した伝票に承認者が捺印したり，担当者が捺印したり，それらをファイリングしたりといった業務が典型的ですが，このような業務が残ることでテレワークには大きな支障をきたすことになります。具体的には「捺印処理をするためだけに出社する」という状況に陥り，移動にまつわる生産性の低下や業務効率の低下といったリスクが懸念されます。特に新型コロナウイルス対応といった非常時には極力移動を少なくし，捺印という処理のためだけに出社するといった事態は避けるべきでしょう。

では，どのように対応するべきなのでしょうか。抜本的な解決方法は「捺印処理そのものを廃止してしまう」ことです。たとえば，承認処理を自動化するワークフローシステムは，「紙」のオペレーションを前提としないものが続々と出現しています。捺印に代わる承認処理としてワークフローの承認機能で十分にその役割を果たすことができます。対外的に捺印が必要な書類が一部残ることにはなりますが，その業務処理だけはテレワーク環境においては時期を限定し，たとえば「月１回」や「月２回以下」といった制限を設け，その日に集中して捺印処理を行うといった対応がよいでしょう。

「伝票の起票を紙で行う」という習慣も，テレワーク導入を機に廃止してしまいたいところです。担当者による起票や承認者によるチェックは画面上でも可能ですし，紙の伝票を起票する理由づけは今やほぼ形骸化しているといってよいでしょう。逆にデジタルでの承認処理や担当者のチェックというものが可能な環境をどのように作っていくかを検討していく必要があります。

そうはいっても「捺印を完全に廃止するのは難しい」「上司の理解が得られない」といった向きはおそらくあるかと思います。この場合には捺印処理廃止に伴うリスクやメリットというものをしっかり分析して上席者や経営者を説得するしかないでしょう。テレワークを前提とした生産性の向上を目指さない経営者であれば承認はしないと思いますが，そのような経営者の態度は，今後の社会で受け入れられにくいものになっていくと予想されます。

(5)　経理業務の「職人」気質

経理業務は，他の業務に比べて「職人気質」が高いというイメージがあるでしょう。専門知識を駆使して，多くの書類やデータから仕訳登録の作業を進め，最終成果物である決算書類を仕上げていくプロセスは，知識と経験の裏打ちがなければ進めることができません。

一方で，特定の従業員に知識や経験が偏ってしまうと，テレワーク環境になってもその人のノウハウがそのまま社外に行くだけなので，チームワークとしてうまく機能するための工夫が必要です。テレワーク開始に先立っては，このような経理「職人」が普段行っている仕事の進め方を経理部門内で共有していきましょう。具体的には次のような取組みが考えられます。

- 業務マニュアルを整備して四半期に１回以上レビューする
- １つの業務に複数の担当者をアサインして，経験者の知見を継承できるようにする
- 経理業務での成果物を特定の人の「職人芸」的なものにせず，部門内の知見として共有できるよう，資料や計算シートの構造について共有する場を持つ

このような対応をとることで，仮に何らかの事情で「職人」経理担当者が外れることになっても業務を継続することができるようになります。テレワーク導入の有無にかかわらず，組織知として経理プロセスをいかにスムーズに運用していくべきかを考えていきましょう。

4 ITインフラの整備（会社）

テレワークの実施にあたっては，実際に業務に従事する従業員側の環境整備ももちろんですが，会社としての環境整備が非常に重要になります。ここでは会社が想定しておくべきITインフラの準備について説明します。

- セキュリティポリシーの見直し
- ローカル作業の範囲検討
- IT環境整備（オンプレミス）
- IT環境整備（クラウド・サービス）
- 社内ネットワーク設定
- 必要な権限や情報の付与

(1) セキュリティポリシーの見直し

テレワークの実施にあたっては，社内で運用しているセキュリティポリシーの見直しを行います。仮にテレワークを想定した記述になっていない場合には改定を検討します。たとえば，以下の項目を見直します。

- 情報の分類と管理
- 物理的セキュリティ
- 人的セキュリティ

セキュリティポリシーの見直しにあたっては，特に「情報資産のレベル」を定義してテレワークに対応することも可能なのか，持出し可能なデータがどこまでなのかを線引きします。特に機密性の高いデータについて例外的に取扱い可能にするかどうかという点や，作業協定によって持出しが厳しく制限されるべき業務についてテレワークでの作業を許容するかどうかという点については，会社が想定するリスクレベルと組織のリスク管理ポリシーやセキュリティポリシーの観点から慎重に検討します。

情報資産のレベルの例として，以下のものがあります。

・レベルＡ（最重要）

その情報が漏洩した場合に事業の継続が著しく困難になるもの。たとえば，顧客情報が記載された請求見積情報，顧客の個人情報，従業員の個人情報，経理処理に必要な取引記録や仕訳の明細資料といった情報が該当します。

・レベルＢ（重要）

業務上の秘匿性が高いもの。たとえば，個人を特定することができない属性情報，取引先コードや勘定科目コードのように，そのコード自身の意味は第三者には判読不可能であるものの，別の情報と関連づけることで意味を持つような秘匿性の高い情報が該当します。

・レベルＣ（通常）

業務上の秘匿性の低いもの。たとえば，公開情報を除く社内情報や，プレスリリースや告知情報として使われる既知の情報が該当します。

このようにレベル分けした場合に，「レベルＣ」の情報については問題なくテレワーク業務で使うことができるでしょう。「レベルＢ」の情報については取り扱う場面や状況に制約を設けて限定的に運用すればテレワーク業務で使うことを許容することが可能です。

⑵　ローカル作業の範囲検討

ローカル作業とは，テレワークで自宅やサテライトオフィスで利用するPCなどの作業端末で作成した成果物を，それらの端末に継続的に保存するような作業環境をいいます。ローカル作業においては，作業端末内にデータ保管させることをある程度を制限することが求められます。仮に情報が漏洩したときのダメージを最小限にするためには各端末に保存されているデータが必要最小限になっていることが望ましいからです。

多くの企業ではオンプレミス環境とクラウド環境を場面に応じて使い分けることが多いでしょう。その場合に，オンプレミスのデータにアクセスする端末

図表3-5 ファットクライアントとシンクライアント

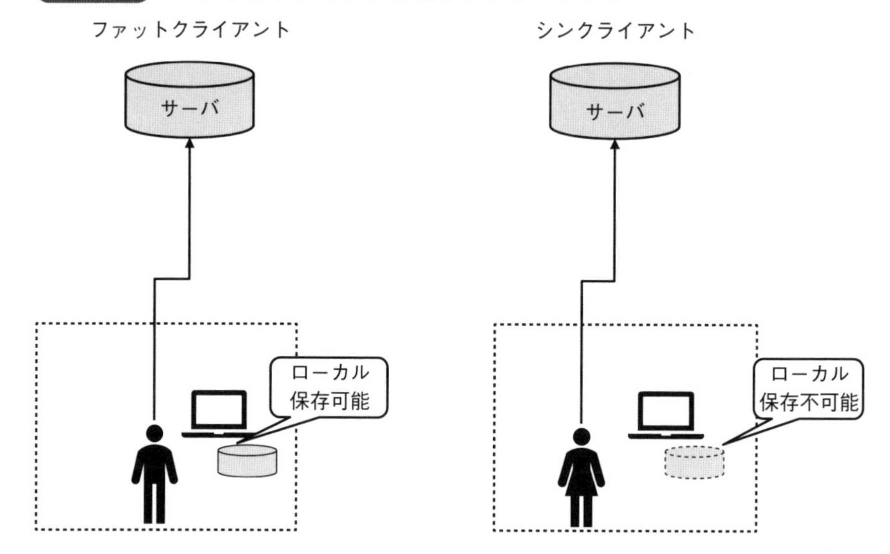

としてどのような環境を想定すればよいでしょうか。実現する方法として，大きく2つの方式があります。

• ファットクライアント方式

ノートブックPCなど，ローカルデータを保管できる環境から社内のサーバにアクセスする。データはローカルおよびサーバの両方に保存される。

• シンクライアント方式

クライアント端末にデータの保存ができない仕様のものを導入し，ネットワークを介して社内のサーバにアクセスする。データはサーバのみに保存される。

シンクライアント方式はデータの分散を最小限にすることができるメリットがありますが，一方でシンクライアントの導入が容易にできないような企業の場合には，ローカル端末データを保存することを原則として認めず，一時的に作業を行った場合にも作業終了後に遅滞なく削除するといった運用上の制限をかけてローカルデータ保管リスクを下げるという工夫が考えられます。データの保存制限を行うこと以外には，たとえば移動中にPCを紛失した場合の対応として，管理者がリモート端末のデータを削除する「リモートワイプ」といった対応でデータ漏洩リスクを下げることが可能です。

セキュリティポリシーに合わせてどちらの方式を採用するか検討しますが，シンクライアント方式は専用の仕様が求められることから追加コスト要因になりやすいので，現在使っている端末をそのまま転用できるファットクライアント方式の採用が現実的です。

⑶　IT環境整備（オンプレミス）

「オンプレミス」とは，従来行われてきた「クライアントPC」と「サーバ」との組み合わせのように，原則として社内のITインフラを利用して作業をする環境のことです。テレワークになった場合にはこれらの端末を家庭に持ち帰ったり，サテライトオフィスに移動したりするわけですが，そのような端末に経理作業を行うために必要な業務ソフトウェアをインストールすることが必要になります。

具体的には会計ソフトウェアや申告用ソフトウェアといったものが該当します。また，会社でクライアントPCの端末をコントロールするための各種のモジュールを利用していれば，それらがあらかじめインストールされている必要がありますし，インターネットでVPN（Virtual Private Network）を介してリモートアクセスをするためのモジュールやセキュリティソフトウェアのインストールといったものも必須になるでしょう。これらの対応は環境の統一を図る必要があるため，従業員各自に行わせるのではなくIT部門で一括して行います。

⑷　IT環境整備（クラウド・サービス）

クラウド・サービスを活用した経理業務が近年爆発的に普及しています。クラウド・サービスとは，「データ」や「アプリケーション」を所有するのではなく，インターネット上の「クラウド」（雲のたとえ）で共有し，いつでも，どこにいても，このクラウドにアクセスすることでサービスの提供を受けることができるというソフトウェアの利用形態です。この形態のメリットとして，サービスにアクセスするためのクライアント側の準備が少なくて済むという点があります。具体的には「Webブラウザ」のみでこれらのサービスを使うことが可能になります。

一方で，クラウド・サービスを利用することでデータを管理するための基盤が特定のクラウド・ベンダーに依存するいわゆる「ベンダーロックイン」のリスクがあります。これはどのようなクラウド・サービスを使っていても解消することができないリスクですが，信用や実績がある程度ある大手のクラウド・ベンダーのサービスを使っている限りは，仮に何らかの事情でサービスが急に終了してしまったりしても別のベンダーがその業務を継続することが期待されますので，あまり不安視するものではありません。しかし，知名度もあまり高くない小規模な企業が提供するクラウド・サービスは，ある日突然サービスが停止してしまったり，頻繁にサービスがダウンしたりするというリスクを抱えているので，クラウド・サービスの導入にあたっては慎重に検討しましょう。

クラウド・サービスの形態としては大きく分けて２つあります。

• アプリケーションは端末側に保管し，データをクラウドに保管する

この場合はクライアント側のアプリケーションの制御のためにソフトウェアのインストールや設定が必要になりますが，データはクラウドで一元管理することができますので，データの世代管理の問題やバックアップなどの課題の多くは解消されます。

• アプリケーションとデータのどちらもクラウドに保管する

ブラウザを通じてすべてのサービスをインターネット経由で利用します。いわゆるSaaS（Software as a Service）というサービスの提供形態で，アプリケーションの最新機能をクラウドで提供することになるためクライアント側での準備はほとんど不要になるというメリットがあります。クラウドでのデータ一元管理が可能であるとともに，アプリケーション側の対応もほとんど工数がかからないというのが大きなポイントです。

図表３－６に，「オンプレミス」と「クラウド」の提供形態の違いを示します。また，**図表３－７**に，主なクラウド・サービスと主要な機能を示します。

図表3-6　オンプレミスとクラウド

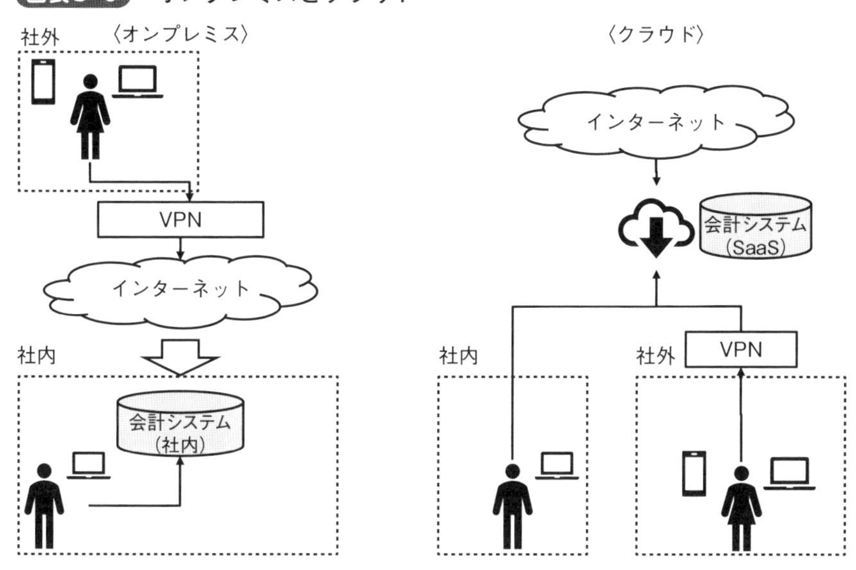

図表3-7 主なクラウド・サービス

種類	内容
会計ソフト	・freee会計 ・マネーフォワード クラウド会計 ・弥生会計 オンライン ・奉行V ERP ・Microsoft Dynamics 365
ストレージ	・Box ・Dropbox ・Google Drive ・Microsoft SharePoint Online ・Microsoft OneDrive
コミュニケーション	・Chatwork ・Slack ・Microsoft Teams ・Google Meet ・Skype
グループウェア／オフィススイート	・Microsoft 365 ・Google Workspace

(5) 社内ネットワーク設定

テレワークでは，インターネットを介してさまざまな端末から社内のリソースやデータにアクセスしてきます。そのため「不特定多数によるアクセス」と「従業員によるアクセス」を識別する必要があります。識別を自動化する手段として，VPN（Virtual Private Network）という仕組みを利用します。VPNとは，インターネットの回線に擬似的に社内ネットワーク環境を再現する仕組みで，以下の特徴を有します。

• トンネリング

インターネットに流れるデータのパケットに対しIPヘッダを付加してEnd to End（端末の最終端同士）の通信を実現し，第三者によるデータの奪取および解析を困難にします。

・暗号化

ハッシュ関数などの仕組みを用いて，流通するデータの不可逆な暗号化を行い解読不能な形式に変換します。これにより，ネットワークを流れるデータが経路の途中で盗聴・改竄されるリスクを下げることができます。

多くのVPN接続プロトコル（PPTP/L2F/L2TP/IPsec/GREなど）はトンネリングの要件を満たしますが，暗号化の要件まで満たすプロトコルは「IPsec」のみになります。実際のVPNの導入にあたっては，VPNデバイスと呼ばれるハードウェアを導入することで物理的にインターネットに流れるパケットの処理をフィルタリングします。たとえば以下のハードウェアを使います。

- ルーター
- ファイアウォール
- セキュリティアプライアンス

これらの製品は，代表的なVPNデバイスとして機能します。VPNの種類としては以下のものがあります。

・リモートアクセスVPN

リモートクライアントとVPNデバイスを接続する方式。一般的にVPNと呼ばれるのはこのリモートアクセスVPNを指します。

・サイト間VPN（拠点間VPN）

拠点間のVPNデバイスを接続する方式。それぞれの拠点にVPNの接続装置として「VPNゲートウェイ」を設置し，ゲートウェイ同士でVPNの接続を確立します。

VPNに求められる要件は以下のとおりです。

- 機密性　データを盗聴されてもデータの中身を保護することができる
- 完全性　送信元から送信先への通信においてデータの改竄や欠落がない
- 送信元認証　送信元が本当に想定した相手なのかを保証する

- アンチリプレイ　リプレイ攻撃（正規のパケットをコピーして再送する）を防止する

⑹　必要な権限や情報の付与

どのようなITインフラ環境にも共通しますが，アプリケーションソフトに対する権限の付与を適切に行う必要があります。オンプレミスやクラウドで動作するERPパッケージソフトなどの形態がありますが，操作するユーザーの権限を必要以上に与えることなく適切な制限をかけているかどうかを確認します。テレワーク対応することで影響を受ける権限があれば，導入にあたって見直しを行うことになります。たとえば，テレワーク作業する担当者にマスタ修正などの強力な権限を付与してしまうと社外から重要データが改変されるリスクにつながるため，特権管理者の権限はテレワークに従事する担当者には付与しない，などがあります。

クラウド・サービスの場合は，サービス事業者があらかじめ用意した権限に合わせてユーザーの情報を登録します。多くの場合は，次の３つの段階で権限を設定します。

- 特権管理者
- 管理者
- 一般ユーザー

経理業務の場合には特に「作成者」と「承認者」の分離が適切に行われているかという点が重視されるため，ユーザー権限がこの観点から適切に設定されているかどうか事前にチェックしましょう。

また，エンド・ユーザー・コンピューティング（EUC）と呼ばれる方法により多くの経理資料が作成されています。会計ソフトに保存されているデータをもとに，Excelなどスプレッドシートを使って加工することが多いでしょう。この場合には権限を意識する場面はほとんどありませんが，作成したファイルの「編集」「閲覧」の権限を管理上どのように設定するかは検討する必要があります。たとえば，ファイルを保存するフォルダについて，次のように，権限をフォルダ別に分けてそれぞれでファイルを管理していくという方法があります。

- 「管理者」しか編集できないフォルダ（「作成者」は編集できない）
- 「管理者」と「作成者」が常に編集可能であるフォルダ

(7)　クラウド会計ソフトとは

クラウド会計ソフトとは，近年に出現した「クラウド・サービスによる会計ソフト」のことです。「SaaS」と呼ばれるソフトウェアの利用形態は，会計ソフトについても広がってきました。「SaaS」とは「Software as a Service」の略で，「使用する」ことを前提としたサービス形態です。

従来は開発したソフトウェアのコードやプログラムが特定のハードウェア（PCやサーバなど）で動作し，ソフトウェアの利用者や管理者は自分達から物理的に近いところで動作しているプログラムの挙動を確認しつつさまざまな業務をこなすことができました。これが21世紀に入ってから環境が激変し，インターネットの普及とともにインターネットを介してさまざまな業務機能がサービスとして提供されるようになったのです。SaaSの利用者はソフトウェア使用料を支払うことで，ソフトウェアの機能を社内で使うのと同等に利用することができる環境を手に入れます。

SaaSの特徴として以下の点があります。

・定額利用

ソフトウェア使用料をユーザーの数に応じて一定金額に設定する方式です。ソフトウェアの利用にかかるコストを定量化しやすく，ユーザーの利用数に応じて柔軟に調整・コントロールすることができる方式として世界中で普及しています。

・最新機能の提供

サービス事業者側がソフトウェアの新機能をインターネットから提供することができ，ユーザーは利用するたびに常に最新の機能を利用することができます。また，機能評価中のものについても期間限定あるいは対象者限定で試験的に利用することができるという柔軟さもSaaSの特徴です。

クラウド会計ソフトの導入メリットとしては以下があります。

- テレワークとの相性が良い
- データの一元管理が容易である
- 最新機能が使える

・クライアント環境に依存しない

クラウド会計ソフトは，PC環境であればWindows/MacOS，スマートデバイス環境であればAndroid/iOSなど，どのような環境でもある程度サービスを誰でも利用できます。たとえば，個人が家庭で使用するコンピュータでも利用することができるため，サービスの利用の間口が広がります。もちろんセキュリティへの対処は必要ですが，このように企業の用意した環境のみでなく広く利用の間口を広げたという点は大きなメリットがあります。

そしてSaaSの特徴である「データの一元管理」や「最新機能の提供」という点も見逃せません。ユーザーは特に意識することなくアプリケーションの最新機能を利用することができるわけです。結果として場所や時間の制約にとらわれず，テレワークのような柔軟な勤務形態に適したサービス提供形態として「クラウド会計ソフト」が存在感を発揮しているという現状があります。

⑻　コミュニケーション・ツール

コミュニケーション・サービスも，テレワークにおいては欠かせない要素の１つです。経理業務においても，実際に作業することに加えて，上司や同僚との会話やコミュニケーションを通じて，さまざまな成果物を作っていくことになります。テレワークにおいては，会社にいるのと違って対面ではない非同期のコミュニケーションが求められることになりますので，このようなやり方がいかに支障なく行われるかが生産性向上の決め手になります。

コミュニケーション・ツールが従来の「電話」のように「同期」で通信することを前提とするものに加えて，「非同期」のコミュニケーション手段として「メール」「チャット」「オンライン会議」といったツールが新たに加わってきます。

チャットは即時的なコミュニケーションに適した形式として企業のなかでも扱われるようになってきました。チャットで会話するのはリアルタイム・コミュニケーションになることが多いですが，相手が手を離せない場合には用件をテキストで書き残しておいてタイミングが合うときに相手がその内容に答えるという形で「非同期」でコミュニケーションをとる場面にも適しています。

オンライン会議は遠隔地とのコミュニケーションにおいて広く使われる手段で，テレワークにおいて最も大きな威力を発揮します。「Web会議」「テレビ会議」とも呼ばれますが，専用のソフトを使うことで相手の顔や声が確認できる状態であたかも目の前に相手がいるような感覚でコミュニケーションをすることができます。これは「電話会議」よりも顔が見えるのでコミュニケーションをとりやすくなるというメリットがあり，また場所の制約がないため相手がどこにいてもほぼリアルタイムでやりとりができるという大きなメリットがあります。海外とのオンライン会議の場合は時差という問題がありますが，国内でのコミュニケーションにおいてオンライン会議は場所の制約から解放するという点でコミュニケーションに大きな進化を促すことになります。

5　ITインフラの整備（従業員）

会社側でのインフラ整備と合わせ，実際にテレワーク業務に従事する従業員側のインフラ整備も必要になります。多くの従業員は「自宅」を作業スペースとして用いて，業務に従事することになるので，以下の点に留意します。

(1) ハードウェア環境

オンライン会議に必須の「カメラ」や「マイク付きイヤホン」は，一定以上の性能があるものを準備します。スペックが低いデバイスでは快適に作業することができないので，この点は妥協しないようにしたいところです。これらのハードウェア購入費用の一部を会社が支援するなどの施策も有効です。

なお，企業によっては従業員が個人で所有するPCをそのまま業務に適用することを許容する運用ルールで進めるケースもあると思われますが，その場合にはPC内に保管する業務データをどのように管理するかについて，より厳格なルールを定める必要があります。

会社が貸与したPCであれば従業員の退職時に回収すればすみますが，個人所有のPCだと回収することはできないためデータを個別に削除しなければならず，その確認も煩雑であるため，基本的にテレワークでの個人所有PCの使用はおすすめできません。

また，外部モニター（外付モニター）の導入も検討しましょう。経理業務のように資料の「確認」作業と仕訳の「入力」のような作業を並行して行う業務では，ノートブックPCの１画面だけでは効率が悪くなります。外部モニターを１人１台導入することで，手元の画面で「入力」，外部モニターの画面で資料を「確認」することができますので生産性の向上に大きく寄与します。外部モニターは１台当たり10万円未満で購入できるものが多いため，固定資産計上の必要もなく安価な投資としておすすめします。

(2) ネットワーク環境

自宅で作業する場合は，従業員の自宅に敷設されているインターネット接続環境を使って会社のネットワークへVPN経由でアクセスします。VPNの利用にあたっては適切な認証を行ったうえで，不正な悪意のユーザーのアクセスを許さないように設定します。

なお，個人ではインターネット回線を敷設していないなど，従業員の自宅ネットワークの環境で業務遂行に十分なネットワーク帯域が予定されていない場合は，会社からモバイルルーターを貸与したり，ブロードバンド・ネットワーク敷設のコスト支援を行ったりするなどの対応をとることで，自宅のネットワーク帯域に起因した生産性の低下が起きないよう配慮します。

⑶　ソフトウェア・ツール

会計ソフトやコミュニケーション・サービスをはじめ，会社が指定（もしくは推奨）するソフトウェアをインストール・配付します。この場合，IT部門が統一的に管理して配付作業を自動化することが推奨されます。

単にツールを配付するだけでは使いこなすことができないので，IT部門主導での操作トレーニングの実施や操作マニュアルの整備を行い，混乱なく導入できるように準備しましょう。

6　実は「まずはじめる」がよい？

ここまで，テレワーク実施にあたっての準備について解説してきました。入念に準備してテレワークをスタートできるに越したことはありませんが，特に非常事態下となると十分な準備なしにいきなりテレワークをスタートせざるを得ない状況に陥る企業も多いかと思われます。

そういったアプローチに問題があるわけではありません。むしろ「まずはじめてみて，問題が出てきたらそれらを解消しながら前に進む」という試行錯誤アプローチがテレワークには有効です。特に「自社の企業風土にテレワークが馴染むのか」「従業員に受け入れられる就業形態なのか」という点については，実際に試してみないとわからない点も多く，実践してはじめて明らかになる課題も多々出てきます。そういう意味では，テレワークの導入は「まずはじめてみる」というアプローチも大事です。

それでもなかなかテレワークの導入に踏み切れないという状況では，たとえば以下のような問題意識を共有して，どのように解決するべきかを社内でディスカッションしてみましょう。議論の結果，テレワークを会社の業務に浸透するための課題や懸念事項が明らかになることでしょう。

- テレワークに必要な機材や環境などが準備できるか？
- テレワークに移行しないと停滞してしまう業務はないか？
- テレワークに移行できる社員とそうでない社員とで業務のバランスが大きく崩れることはないか？

一方で「すでにテレワークをスタートしてしまった企業」も多くあります。そのような企業においては，すでにテレワークに必要な環境は整っていることでしょう。そのうえでテレワークの運用がうまくいかない場合，その原因は何か，どのように見直していくべきかを分析していく必要があります。たとえば以下の要因が考えられます。

- 業務プロセスがテレワークに合わせて見直されていない
- ツールは導入したが，運用が定着していない
- トップマネジメントの理解が低く，テレワークを受け入れる社内風土が醸成されていない

テレワークが今後オフィスワークと共存し，その存在感をますます高めていくであろうことを考慮すると，自社の業務プロセスをいかにテレワークに適したものに変えていくべきか，正面から向き合うべき時期にあるのかもしれません。

この章のまとめ

✓「1　導入検討」で留意することは
- ▶テレワーク準備のために「所要期間」「所要コスト」を見積る
- ▶トップマネジメント主導での推進が有効であるが，現場からの働きかけも肝要
- ▶リスクマネジメントの観点からは，テレワーク導入に複数のプランを想定する

✓「2　業務環境整備」で留意することは
- ▶テレワークを原則的な就労形態にするかどうか導入段階で検討する
- ▶経理業務のなかでテレワークと相性の良い業務とそうでない業務を切り分け，テレワークと相性が良い「クラウド会計ソフト」を前提に運用を考えよう
- ▶データや書類を扱う特性から，経理業務はテレワークに馴染みやすい

✓「3　業務の調整」で留意することは
- ▶労働時間や勤務体系を見直し，成果にフォーカスした評価に変えていく
- ▶データのポータビリティを見直し，どこまで持出し可能なのかの線引きを行う
- ▶文書管理の特性や法令の要請を考慮して，データ管理の仕組みを考える

✓「4　ITインフラの整備」で留意することは
- ▶セキュリティポリシー（情報資産のレベル定義）
- ▶ローカル作業の範囲検討（データの保存範囲や端末仕様）
- ▶オンプレミス主体か，クラウド主体か
- ▶社内ネットワークの設定（VPNデバイスの導入）
- ▶アクセス権限付与（テレワーク固有のリスクがある場合は見直す）

✓「5　実は「まずはじめる」がよい？」
- ▶見切り発車で「まずはじめる」というアプローチも有効であり，すでに導入した企業も運用上の課題を分析してより生産性の高いテレワークのあり方を継続的に検討するとよい

Column② テレワークとオフィスワークの最適なバランスとは？

新型コロナウイルス感染拡大の影響のなか，各社が短期間でテレワーク対応に追われる状況になったわけですが，実際にテレワークに従事した従業員の視点から，ワークスタイルはおおよそ以下のパターンになりそうです。

- テレワークに順応することができた，今後もテレワークを原則として仕事をしたい
- テレワークで仕事を進めることができたが，やはり会社に行ったほうが仕事しやすい
- テレワークでもオフィスワークでも問題なく仕事ができるので，自分でバランスを決めて働ける環境がいい

テレワークはオフィスワークの一部を切り出して自宅やサテライトオフィスに持ち込む形態なので，通信環境や作業スペースなどの負担を一時的に従業員に強いることになります。会社がコスト負担を行うなどして快適な作業環境を構築できた場合はおおむねテレワーク実施に満足し，一方で準備が進まないまま仕事をする状況になった場合はテレワークという形態に不満を持ち，出社型のワークスタイルに回帰していくようです。

今後も企業側でテレワーク環境の構築を支援しつつ，従業員の家庭環境の一部はテレワークを前提に組み立てられていくと思われます。新たなワークスタイルとして「自宅」と「会社」の時間配分はどのようにするのがよいのか，各社が試行錯誤しています。たとえば次のようなルールです。

- 完全テレワークを継続し，出社する時間帯や場所を自由に決められる
- テレワークを存続するが，出社日を決めてローテーションで対応する
- 原則出社制として，テレワークは例外的な扱いとする

これらについてはいずれも正解がありませんが，テレワークを一律に禁止する企業は柔軟さに欠ける就労環境だとレッテルを貼られると，会社の評判にも関わりますし，採用にも影響するため，社会情勢に半ば背中を押される形でオフィスワークとテレワークが共存する社会になっていくのかもしれません。

第4章 テレワーク導入で想定されるリスクと対応策

新型コロナウイルス対応という非常事態下において，業務を継続させていくためにテレワークを導入することは喫緊の課題となりますが，一方でテレワーク導入に伴うリスクも想定し，それに対する対応も検討していかなければなりません。本章では，テレワークで想定するべき以下のリスクについて説明します。

図表4-1　テレワークで想定するリスク

リスクの区分	リスク項目
業務リスク	・緊急時の対応 ・労務管理と給与計算 ・成果の評価 ・経理担当者のリテラシー
システムリスク	・重要な業務データの漏洩 ・業務データの散逸
法的リスク	・委託先におけるデータの管理

1　業務リスク

(1)　緊急時の対応

緊急時には，リモート環境で作業している従業員と連絡がとれなくなる可能性があります。また，本社のシステムトラブルによって業務が継続できなくなるというリスクも存在します。特に在宅勤務環境においてはこのような状況が起きることで業務の停滞や停止を招いてしまい，事業の継続が困難になるため適切な対策が必要です。

第１章で説明した事業継続計画（Business Continuity Plan, BCP）は，事業継続に困難の状況を想定しそれに対応した施策を取りまとめた計画です。一般的には災害や疫病などが発生した際に工場の継続をどのようにするべきかという観点で計画を策定します。テレワークを前提とした事業の場合，本社機能が仮に停止したとしてもリモート環境で各従業員の作業が停滞なく行われることを保証するような業務継続計画を検討します。

BCPは策定するのみならず，定期的なテストの実施が必要です。計画どおりに事業の切替えが行われるかどうかは実際にテストしてみないとわからないことも多く，テストした結果として改善するべきポイントが明らかになることがあります。多くの企業においてはBCPの作成自体は行うものの実行テストまでは至らないというケースが多いため，今回の新型コロナウイルス対策のように事業が大きく停滞する可能性を考慮した実施テストを行うことが肝要です。

また，従業員と連絡がとれなくなるリスクに対する対応として，就業状況の確認方法をしっかり準備しておきます。「電話」や「メール」以外の代替連絡ルートを確保しておくというのは，たとえばメッセージング・サービスや安否確認サービスといったものを企業でどのように利用するかを決めておき，非常時にはどのような使い方をするかを組織内で周知しておくことなどです。特にITインフラがダウンした場合，連絡がとれなくなったときの代替連絡ルートとして個人の電話番号や居住先の避難場所の情報などを会社が把握しておき，事が起きたときにはそれらを利用するという対応が有効です。

業務継続をしていくための手段としてITインフラを冗長的に構成しておくことは大事なポイントになります。自社のサービスを運用している環境を二重化しておくことで，一方のサービスがダウンした場合でももう１つのサービスが迅速に立ち上がるという状態にしておけば，業務の停滞や停止の時間を最小限に抑えることができます。これを「ディザスタ・リカバリ・サイト（Disaster Recovery site, DRサイト）」や「バックアップ・サイト」と呼びます。

DRサイト（バックアップ・サイト）には以下の種類があります。

• ホットサイト

現在利用しているシステムと同じ環境を維持して常に稼働させておく。障害発生時に即座に切り替えられるようにする。非常に高い可用性を実現するが高コストになる。

• ウォームサイト

現在利用しているシステムと同じ環境を維持して非稼働状態で待機しておく。障害発生時にシステムを起動すれば運用を引き継ぐことができる。一時的な業務の分断が発生するが高い可用性を実現する。

• コールドサイト

普段は稼働していない状態で各種機材や回線を確保し，障害発生時に機材を搬入し回線の設定などを行う。業務の分断がより長くなってしまうが安全に運用を引き継ぐことができる。

これらのいずれかの対応を想定することで，システムダウン時に自動的な切替えを可能にすることができます。ただし，システムや業務の仕組みを冗長化しておくことはそれだけコスト増要因にもなりますので，会社の財務状況や経営計画における投資計画と調整したうえで，適切な投資金額を決めておかなければいけません。

また，すべてのサービスを二重化したとしても人間が手を動かす作業がまったくなくなるわけではなく，一時的に停滞および停止した業務を維持するための手作業の時間がどうしても発生します。会計システムがダウンすれば伝票起票や帳簿の登録といった作業を手作業でやることになってしまうかもしれませんが，これはシステムが使えない状態であれば致し方ない状況です。なるべくこのような状況にならないことを目指しつつ，最悪の展開になったときに対応できる人的リソースの確保を想定しましょう。

⑵　労務管理と給与計算

テレワークにおいては柔軟な働き方ができる反面，時短や残業に対する考え方や方針を柔軟に設計することが求められます。従来の「始業時刻」「終業時刻」に基づく管理では対応できない局面が増えますので，就業規則の改訂をはじめとしたさまざまな組織設計を見直しておくべきでしょう。

テレワークの場合は「始業時刻」「終業時刻」の申告が原則として自己申告になるため，就業実態を管理者が正確に把握するのが困難になります。いわゆる「性悪説」で考えると，申告された「始業時刻」「終業時刻」を検証するためのひと手間をかけることになりますが，テレワークにおいては原則として「性善説」に基づくべきであり，申告された時間を検証することは行うべきではありません。むしろ「時間」よりも「成果」による管理というものをしっかり行い，一方で極端に長時間労働が慢性化していれば労務上の対応をとるといった二面性を持った運用が必要になります。

この点については異論も多いでしょう。従業員がしっかり働いているかどうかということを検証できなければ適切なマネジメントはできないと考える向きもあるでしょう。しかし，テレワークというのは「場所」や「時間」の制約から解放されることで，より「成果」にフォーカスし，勤務時間の使い方に従業員が裁量を持てるように現場に判断を委譲していくという考え方がどうしても必要になります。したがって，必要以上にマイクロマネジメントを実施し，余分なコストをかけてまでコントロールするよりは，従業員の自律的な活動にある程度委ねるという割り切りも大事なポイントになります。

一方で，勤務実態を把握することは労務管理上も必要になりますので，「勤怠打刻」の情報が，実態に基づいて正確に集計できるよう環境整備する必要があります。タイムカードのコントロールの仕組みはテレワークでは実施することが困難である以上，リモート環境で同じことができるような対応が必須です。また，クラウド・サービスによる勤怠管理サービスが数多く出現しているため，これらの利用を検討するのもよいでしょう。勤怠管理サービスを使うことで，就業状況に基づいた残業の発生状況を従業員別にモニタリングすることもできますので，全体的な傾向を知ることはできます。

個々の従業員についてすべての就業状況を完全にモニタリングすることになると限界がありますが，一方で慢性的な残業の発生や稼働した時間に対応する成果品質を適正に評価するためには，労務実態を正確に把握することが前提条件になってきます。働いている状況のモニタリングを従業員のサンプル抽出に基づいて定期的に確認することで，業務生産性や成果物に対応する時間の使い方，ひいてはツールや会社のリソースの割り振りの適切性といったところをチェックする基礎情報にすることができます。

⑶　成果の評価

テレワークにおけるネガティブなリスクは，従業員の働き方と生産性に対する正当な評価ができなくなる可能性があるという点です。これは従来の会社で管理するスタイルに慣れてしまっていて，テレワークで管理できないのではないかという先入観を持った管理職にとっては当然思いつくポイントです。管理職が見えないところで従業員が働くことによって「サボる」のではないか，会社にいるよりも生産性が低くなってしまうのではないか，という懸念が出てくるわけです。

さらには，コミュニケーション品質が劣化することで「オフィスにいれば解決することがより時間をかけなければ解決できない」という展開になってしまいがちです。この点については，たとえば会社にいれば「ちょっと声をかけて作業をやってもらう」といったことができたのがテレワークだとできなくなってしまうという管理職のストレスが各所で聞かれることからも証明されます。

しかし，ここは考え方を変える必要があります。従業員には本来与えられた「役割」とその背後にある「期待」，さらにそれを評価するための「成果」という組み合わせで業務に携わってもらう必要があります。ところが「成果」による評価が行われず，「役割」に対する「成果」を会社が正当に評価しなければ，当然従業員のモチベーションも下がってしまいますし，ひいては会社全体としての生産性低下にもつながってしまうのです。

テレワークをうまく活用することで，これらの問題に柔軟に対応することが可能です。ネガティブなリスクに対しては，「テレワークを実施することによりこれだけのメリットがある」ことを周知して，価値転換を図っていくことが重要です。たとえば「オフィスにおいて従業員を常時監視することはしないため，より柔軟に時間を使うことができる」「成果でしっかり評価するので，裁量を持って仕事に集中するよう会社が支援する」といった点をアピールすることで，（組織の風土にもよりますが）テレワークを受け入れやすい環境を作れるかもしれません。

コミュニケーション品質が劣化することに対してはテレワーク環境を改善することや本社のITインフラを整備することで，テレワークを安定的に行えるように処置するなど，業務品質を維持するための工夫をすることができます。

人事制度への影響をしっかり見極めることも大事なポイントになります。人事評価制度が現状では適切に行われていないのであれば，評価制度をこの機会にしっかり設計し直すべきでしょう。人事制度が整備されていても評価制度そのものが運用されていないとすれば，テレワークに対応した人事「評価」制度をどのように設計するかを考えるきっかけにしていきましょう。特に，仕事の「生産性」を中心に評価を行うという方向に視点を変えていくことで，テレワークによって時間や場所にとらわれない働き方が定着したとしても，その人の働きぶりを正当に評価することは可能です。

経理業務の場合には，大きく分けて２つのリスクがあります。

- 仕事の作業量にまつわるリスク
- 仕事の品質にまつわるリスク

作業量にまつわるリスクとは，正確にこなすべき書類が大量にあるところに対してヒューマンエラーが起きるリスクであり，品質にまつわるリスクとは正確さに欠ける経理資料を作成してしまったり，判断を誤って承認するべきでない取引について承認してしまったりするリスクです。テレワークにおいては作業状況を逐次監視することができないという制約から，特に「品質にまつわるリスク」が大きくなります。

これらのリスクが大きく変わることはありませんが，リモートを前提としたダブルチェックによってヒューマンエラーを回避し，大量の書類を取り回すような業務になったときに一部の従業員に負荷が集中しないような工夫をする必要があります。その判断をするためには，現場でどのような作業量と時間との交換があるかというところを把握し分析しておく必要がありますが，**第3章**でも述べたとおり，テレワークを実施するうえでは「とにかく走りだす」という点も大事な視点です。

⑷ 経理担当者のリテラシー

テレワークは時間と場所から解放される仕事の進め方になるため，従来のオフィス勤務に比べて多くの新たな知識を身につけて仕事をする必要があります。具体的には，「IT機器の操作方法」や「ITサービスやツールの操作方法」を習得し，オフィスにいるのと同等に近い生産性を目指して作業するということです。そのうえで特に経理担当者に関連するリスクは以下のものがあります。

・セキュリティポリシーの理解

会社のなかでどのようなセキュリティポリシーが適用され日々運用されているかについての理解が十分になされない場合には，担当者が意識せずにポリシーを破った操作や業務を行うこととなってしまいます。

・クラウド・サービスの利用

テレワークにおいて新たに使いこなせなければいけないツールとして，チャットやオンライン会議などのコミュニケーション・ツール，またクラウドに対応した会計ソフトやクラウドで利用可能なストレージ・サービスなどがあります。これらの操作に習熟しなければ従来と同様の生産性を果たすことは不可能です。したがって，経理担当者はこれらのツールの操作方法に対する理解度を高めていく必要があります。経理部門はエンジニアのバックグラウンドを持たないので，求められるITスキルは「ユーザー」としてのそれにとどまりますが，業務で使用するツールやサービスは最低限習得する必要があるでしょう。

・情報資産の管理

第３章で述べたセキュリティポリシーにも関連しますが，会社のなかでどのような情報資産が持出し可能なのか，テレワークに対応できないデータというものはどのようなものなのか，というところをしっかり理解しておかないと，持出し不可能なデータをうっかり持ち出して作業してしまうことになりかねません。

・IDとパスワードの管理

経理業務に限定されませんが，利用しているサービスやコンピュータのユーザーIDやパスワードといった情報は厳格に管理されなければなりません。適切な対応が行われないと，不正なアクセスを許し，さらには業務情報の漏洩や悪意による削除といった可能性を排除することができません。特に会計ソフトの管理者のみがアクセスできるようなデータには，厳重なセキュリティ対策を講じるべきでしょう。

具体的には，IDやパスワードのみによる認証の弱さを補完する以下の方法（多要素認証）を導入することでセキュリティの強化が可能になります。

- 身体的特徴を利用した認証（指紋・顔・静脈など，本人固有の情報による認証）

- 認証する者の所有物を利用した認証（SMSや電話など，ID以外の別の要素を用いた認証）

このようなセキュリティ上のリスクに対応する特効薬はありません。経理部門を含めた従業員へのITリテラシー教育を地道に行う必要があります。テレワーク実施の前提として，これらの知識が必要になりますので，できればテレワーク実施前にこういったルールの周知徹底を行いましょう。

また，継続的にテレワーク環境に参入してくる中途入社の社員や新入社員をフォローするために，このようなリテラシー教育を会社の研修制度に組み込む必要があるでしょう。セキュリティに対する理解度・認知度を深めていくうえではクイズ形式でセキュリティへの理解度を全従業員に試させる「セキュリティ・チャレンジ」といった施策が有効です。セキュリティ・チャレンジは，入退社が頻繁な組織であれば定期的に実施することによって，セキュリティ理解度をモニタリングするための仕組みとして機能するでしょう。

2 システムリスク

(1) 重要な業務データの漏洩

業務データが社外に漏洩することは，どの企業にもつきまとう大きなリスクです。適切なアクセス権限が設定されないことによる情報の漏洩であったり，作業用の端末を紛失することによる漏洩であったりと，情報漏洩の機会はさまざまな状況で発生します。

ここで大切になるのは「漏洩が起こり得ないように対応する」ことではなく「一定の確率で漏洩が常に起こりうる」という想定をし，実際に漏洩が起こった場合の対処方針を重点的に検討するという視点です。たとえばPCの紛失であれば，「なくさないように管理を厳格にする」のではなく「なくすことを前提に対応策を検討する」という視点になります。

「なくすことを前提にする」とは，具体的には，アクセス管理ポリシーを厳格化するというのが１つの対処方法になります。たとえば，社外ユーザーの端末を特定し，権限の制約を管理者が即時に行うことができるようにします。また，クライアント端末の暗号化も有効です。HDDやSSDの暗号化によって，クライアント端末から外した場合でもデータの内容がわからないような対処をしておくことで，仮に端末を紛失してもデータの漏洩を防ぐことができます。さらに，管理者によるパスワードの強制変更やリモート環境でのデータ削除（リモートワイプ）など，仮に紛失した場合でも悪意あるユーザーがデータにアクセスできないようにすることで，これらのリスクを下げることが可能です。

業務システムへの特権的なアクセスは，管理者権限を持つ限られた従業員にその権限が与えられます。一方で悪意による不正なアクセスは，このような特権的なアクセスを悪用して行うケースが少なくありません。そのようなリスクを下げるため，業務ローテーションは効果的な施策になります。一定以上の権限を持つ従業員には年間のうち１週間程度の連続休暇をとることを強制することで，その従業員が不正にシステムを操作する機会を低減するとともに，アクセス権限の属人化を回避することができます。

⑵　業務データの散逸

テレワークによって，異なる場所・異なる時間帯にあらゆるデータが処理される一方で，業務データが本社のなかで集中的に管理されず散逸して保存されるリスクがあります。**第３章**で述べた「シンクライアント」方式を採用すれば社内で一元的にデータを管理することができますが，多くの会社ではクライアント端末としてノートブックPCを導入していることが多く，テレワークではそれらの端末を転用します。必然的に多くのデータが社外で作成されることになり，データの散逸リスクが高まります。

また，業務データをメールでやりとりすることで，お互いのメールサーバーのなかに重要なデータが保存されてしまうというリスクがあります。電子メールは広く普及した便利なツールではありますが，「メール添付」という非常に使いやすい方法が一般的になってしまったことでデータの散逸リスクは放置されてきました。仮に送信する側がデータの管理を注意深く行っても，いったん送信されたメールに添付されたデータが相手方の管理下でどのように扱われるかを追いかけることができなくなります。テレワークの導入においてはこのようなリスクは看過せず，適切な対処をとる必要があります。

具体的には次のような対応が考えられます。

- メールの添付そのものをシステムの機能として廃止する
- メールサーバーの機能として添付ファイルに対するウイルススキャンを行わない（セキュリティリスクが高く，ユーザーに使わせないことを目指す）[1]

また業務データのストレージ管理など，一定の場所にファイルが保存されるような対処をすることで，ファイルの散逸をある程度防ぐことができます。たとえば「Google Workspace」や「OneDrive」「Box」「Dropbox」などのクラウド・ストレージ・サービスは，クラウド上にファイルを保存しそれらを共有するための仕組みを提供しています。

たとえば「OneDrive」の場合は，共有ファイルのリンクをやりとりすることでファイルの共有を実現し，共有の期限を設定することで恒久的にアクセスすることを許容せず，不正アクセスのリスクを低減することが可能です。そのほか，ファイルの履歴管理機能を使うことで古いファイルを置き換えてしまうリスクにも対応できるので，テレワークを機にこれらのサービスをうまく活用することで，ファイルの散逸リスクに対処していくことができます。

OneDriveの場合，それ以外にも，次のような便利な機能があります。

- 更新通知機能（更新のタイミングや日別の更新状況をメールで知らせる）
- ファイルの監査機能（誰が編集したか追跡できる）

1　たとえばGoogleが提供するGoogle Workspace（Gmail）では，暗号化された添付ファイルをウイルススキャンしないという仕様になりました。

図表4-2　OneDriveのファイル共有の仕組み

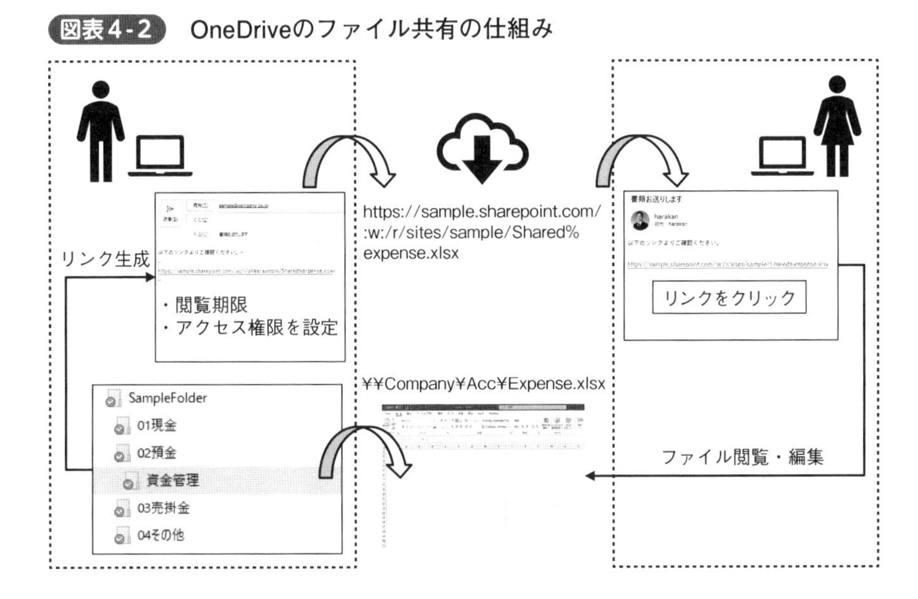

また，クラウド・ストレージを活用することでデータの散逸リスクをさらに低減することができます。たとえば，業務関連資料をクラウドで管理するルールをさらに徹底すると，次のような運用が可能となり，業務データの集中管理を促すことができます。

- 「紙」の資料をスキャン・アップロードすることで，すべてのデータを原則としてクラウドに保存する。
- ファイルの編集作業をオフライン（各自の端末内での作業）でなくオンラインで行い，コメントによるコミュニケーションで作業を効率化する
- ファイルやフォルダのオーナーを決めて，配下のデータに対する管理責任を徹底する

テレワークでは物理的に離れた環境でそれぞれの作業が進むため，成果物がいかに共有され，見える状態にすることができるかによって生産性が大きく変わるという点に留意しましょう。

3 法的リスク

(1) 委託先におけるデータの管理

テレワークにおいては，自社のみならず社内外のさまざまな企業や個人と連携して作業を進めていくことが多いため，委託先の企業が重要な業務データを一時的に個人に提供することで新たなリスクが生じます。

委託先が秘匿性の高い情報を手元に保管することで，それらを悪用する可能性は否定できませんし，委託先からの情報漏洩といったリスクも無視できません。通常は委託元と委託先においてデータの利用目的を定め，その範囲を超えて利用しないという取決めを結びます。仮に委託先がこれを守らずに目的外のデータ利用をしてしまうと，委託元（つまり自社）の評判を落とす結果につながりかねません。

このようなリスクに対応する方法は，「契約によって一定の制限をかけること」です。契約のなかで，利用することや取り扱うことができるデータの範囲や操作できる情報，アクセスできるITインフラ，データ廃棄の手続について制限を設けておけば，それらを超えた利用に対して一定の牽制効果が期待できます。

しかし，実際に委託先がそのようなルールを守らないケースがあるため，トラブルが起きたときの対応フローをあらかじめ決めておきましょう。委託先による情報漏洩が発覚したときに，その調査をどの範囲で行うのか，会社のなかで誰の責任でそれを公表し対策を講じていくのか，委託先とのコミュニケーションを通じて原因や再発防止策を誰がどのように明らかにしていくのか，といった点を検討しておく必要があります。

経理業務の場合は個人情報を含め取引先の秘匿性の高い情報が多く扱うという特徴があります。伝票に起票された摘要情報や，一定のボリュームを取りまとめた取引先の情報は営利目的で再利用することも可能です。１つひとつのデータ量は少なくても，固有の取引の情報は情報の価値を高く保つケースもあるため，営業情報や顧客情報は仕訳データと合わせてより慎重な取扱いが求められます。

この章のまとめ

✓業務リスクとして留意することは

- ▶緊急時リスクへの対応として，事業継続計画（BCP）の作成や緊急時連絡の方法に留意する（インフラ環境の二重化も有効である）
- ▶労務管理リスクへの対応として，勤務実態の把握に限界があることを踏まえ現場に裁量を持たせつつ，過剰労働の抑制に努める
- ▶就業形態の変化に伴い，成果にフォーカスした評価を目指す
- ▶経理担当者のリテラシーを高める施策として，新たなツールの操作の習得やユーザーレベルのセキュリティへの理解を深めるための啓蒙活動が有効である

✓システムリスクとして留意することは

- ▶業務データの漏洩については「紛失することを前提とした管理」を目指す
- ▶業務データの散逸についてはクラウド・ストレージの活用とメールの添付ファイルの慣習を廃止する方向で検討する

✓法務リスクとして留意することは

- ▶委託先におけるデータ管理は契約に基づく制限をかけるとともに，ルールが破られた場合のフローを決めておく

Column③　テレワーク時代の管理職の姿とは

テレワーク環境では，オフィス内で仕事を行うのとは異なり，働く姿を逐一確認することができないため，マネジメントを行う管理職の立場からは「仕事が本当に進んでいるのか？」と不安になるケースが多いようです。その結果として，次のようなあまり合理的でない振る舞いをする管理職や上司が出てきます。

- これまでより高い頻度での報告を求めるようになる
- 常にPCの前にいて作業しているかどうかを監視する
- 残業しているかを確認するため，遅い時間にオンライン会議の予定を入れる
- メッセージのやりとりで済むコミュニケーションをオンライン会議で実施する

テレワーク環境では従業員の作業状況が画面や音声の一部から共有されてしまうこともあり，不必要に従業員のプライバシーに介入してしまう上司の振る舞いも複数報告されており，「テレワーク・ハラスメント」（テレハラ）という言葉も出てきているようです。

テレワークにより同じ空間や時間を共有する比率が下がる一方で，切り離された空間や時間を裁量的に従業員が使うことができるようになります。このスタイルの変化をうまく利用すれば，業務をより効率的に進められるでしょう。一方で，従業員も１人の人間なので，逐一監視されているなかで，十分なパフォーマンスを発揮することは考えにくいのが現実です。マイクロマネジメント型の管理スタイルは，テレワーク時代には見直す必要があるでしょう。

上司が部下の信頼を得てスムーズに仕事を進めるためには，仕事の成果にフォーカスした評価の方法と「監視でない管理」の方法を上司の側も模索していかなければいけないようです。もちろんテレワークに必要なツールやITに関する知識について，仕事に支障のないレベルで使いこなすことができるようになるために，上司も部下も日々学び身につけていかなければ立ちゆかなくなります。

第5章 経理業務プロセスにおけるテレワーク対応の実際

本章では経理業務プロセスの各局面におけるテレワーク対応の実際について業務プロセスごとに解説を進めます。本章の前提となる企業の概要は以下のとおりです。

（概要）

- 業種　ソフトウェア開発（サービス開発および受託開発）
- 東証グロース上場
- 事業部門　開発・営業１部・営業２部
- 国内事業拠点　５カ所（支店・営業所）
- 子会社　13社（うち海外子会社３社）
- 本社従業員数　200名（うち管理部門従業員数10名）
- 経理部門　３名（経理部長１名・経理主任１名・経理担当１名）

（事業の特徴）

- 仕入はないため，在庫は原則として発生しない
- 顧客への売上は「直接売上」および「代理店を介した間接販売」の２種類
- 売上の種類別内訳は「受託売上」「サービス売上」「導入支援」の３種類
  - ▶サービス売上は前払で年額を入金し，毎月に対応する売上を振替計上
  - ▶受託売上および導入支援は作業完了（役務提供完了）月に全額計上
- 費用は人件費とその他諸経費
- 固定資産投資は器具備品が中心（１台当たり20 - 30万円）

図表5-1　事業系統図

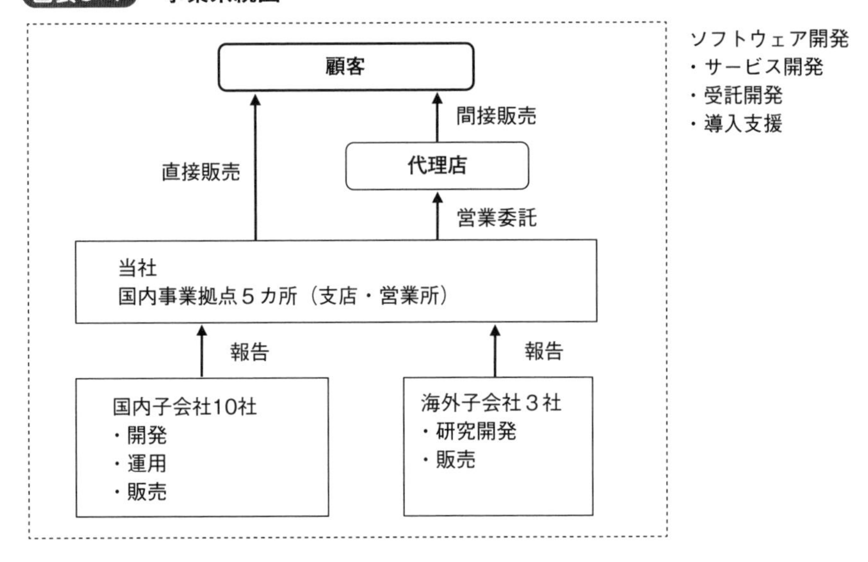

経理業務全体のフローは**図表５－２**のとおりです。

図表5-2　経理業務フロー全体図

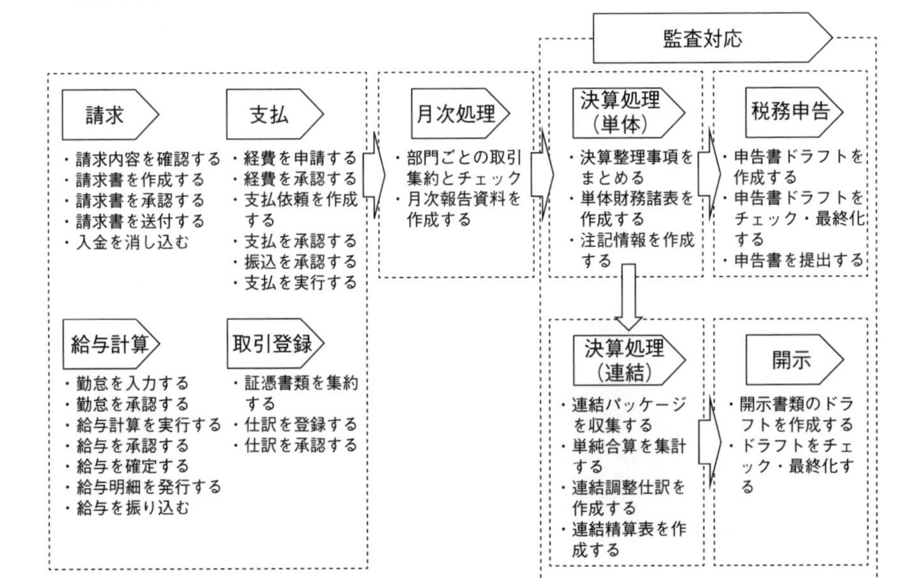

1 請　求

図表5-3　請求概念図

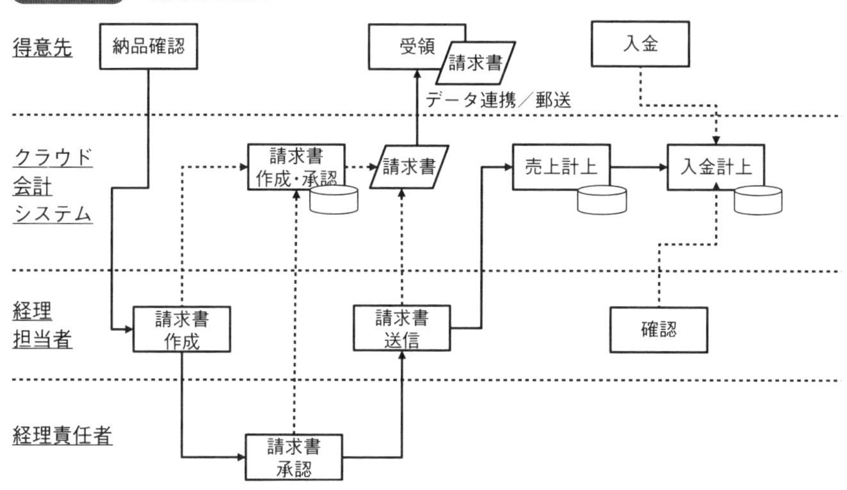

（業務の概要）

- 請求内容を確認する
- 請求書を作成する
- 請求書を承認する
- 請求書を送付する
- 入金を消し込む

(1) 請求内容を確認する

この会社では受託開発プロジェクトを中心に事業を展開していますが，納品やサービス提供の完了は現場の判断で行っています。「納品書」や「作業完了報告書」はプロジェクトマネージャーが作成し，顧客の検収サインをもってプロジェクトが完了します。サインはできるだけ電子的なものにするのがよいでしょう。

⑵ 請求書を作成する

請求書の作成は，「納品書」や「作業完了報告書」を作成した担当者が同じように作成する場合と，現場の連絡を受けて経理部門で作成する場合があります。

経理部門で請求書を作成する場合，納品書の内容に整合しているかどうかを確認しながら請求書をドラフトします。現場において手書きの請求書を作成する場面は少ないですが，会社によっては独自の様式で作成するケースが非常に多いため，テレワーク導入を想定して請求書の様式もなるべく統一フォーマットで作成するというルールに変えていくのがよいでしょう。

会計ソフトや販売管理ソフトに請求書作成機能があれば，その機能をそのまま使うのがデータ連携の面で最も望ましくなります。また，請求書作成のクラウド・サービスを利用することで，それらの請求データを会計ソフトと連携させることが容易になります。請求書データを途中で加工することなく最初の「作成」から「入金」に到るまでデータ処理を「一気通貫で行う」という視点を忘れないでください（請求に限らず，この「一気通貫で行う」という視点はどのような場面でも有効に活用できます)。

⑶ 請求書を承認する

作成した請求書を経理責任者がチェックします。具体的には以下を確認します。

- 請求書日付
- 請求書番号
- 内訳明細
- 支払期限
- 送付先宛先
- その他留意事項

これらの項目を「納品書」や「作業完了報告書」に基づいてチェックします。先に述べた請求書作成サービスをそのまま使う場合，「見積書」や「納品書」を請求書にそのまま転換する機能があることが多いため，その場合はこのようなチェックを人間が行うことなく自動化することが可能です。

請求書承認機能がワークフローで実行できるのであれば，できるだけそのまま使いましょう。ワークフロー・システムやサービスは，ほしい機能がない，もしくは機能が不足しているなど一長一短のものが多いですが，カスタマイズなどはせず現行の機能を使い倒すのが重要です。ワークフロー・システムの外で請求書ファイルを別途作成した場合は，ワークフロー・システムで流れる申請データに添付して承認者が画面のなかで確認できるようにします。

⑷　請求書を送付する

作成した請求書をデジタルデータの形式で得意先に送付します。送付するツールはメールやストレージ・サービスをはじめ，さまざまなツールやサービスを使うことができます。

⑸　入金を消し込む

入金口座に得意先から入金が行われたら，請求情報と突き合わせて売上債権の消込みを行います。

⑹　テレワークにおける留意点

請求書発行業務は「会社が署名・捺印した書類」という意味合いで運用されることが多いかと思われます。この考え方は，テレワークの導入に合わせて根本的に見直しましょう。具体的には「ハンコ業務」と称される署名・捺印自体を廃止し，デジタル署名サービスなどを利用して発行するようにしましょう。「捺印」という作業は印鑑を使わなければならず，どうしても会社へ移動する手間とセットになるため，業務フローのボトルネックになりやすくなります。

とはいうものの，どこまで捺印業務をなくしていくことができるかの判断は難しいので慎重に検討します。官公庁や金融機関向けの書類は署名捺印が必須となるため，これらはテレワークの例外として運用することになると思われます。

さらに，郵送による請求書発送業務自体を廃止できるかを検討しましょう。作成した請求書を「印刷」「捺印」「封入」「郵送」という手間をかけることで，せっかく最初はデジタルデータだった請求情報が「紙」という形式に変換され，しかも届いた相手先でまた「紙」から「データ」に変換する手間が発生します。このような作業には余計な時間がかかりますし，受け取った側も事務的な負荷がかかりますので，テレワークを前提とした場合には請求書の受渡しフロー自体をデジタル化することが肝要です。

図表5-4　データから紙，紙からデータへ

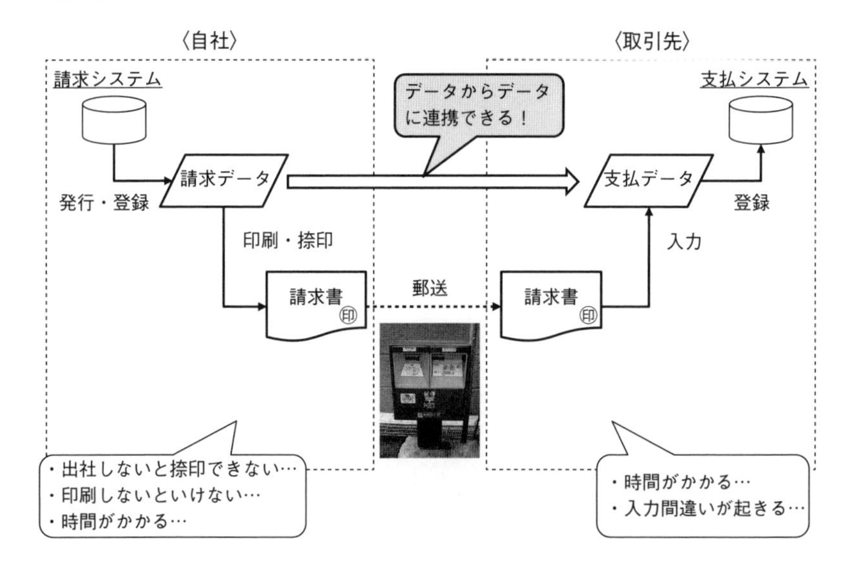

2 支　払

図表5-5　支払概念図

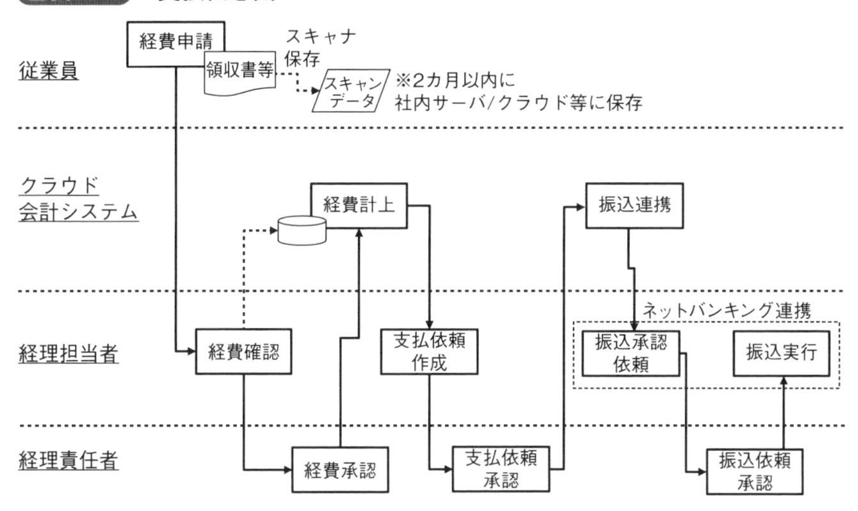

（業務の概要）

- 経費を申請する
- 経費を承認する
- 支払依頼を作成する
- 支払を承認する
- 振込を承認する
- 支払を実行する

ここでは社外への支払として，請求書が送付されてくる支払，毎月定常的に支払う家賃，口座引落しで毎月引き落とされる経費などが該当します（従業員の立替精算による経費の支払については，給与計算業務でまとめて行います）。

⑴　経費を申請・承認する

取引先より入手した請求書をもとに，従業員が経費を申請します。経費管理サービスの画面から申請し，関連証憑を画像データなどでアップロードするといった方法でワークフローに乗せて処理すると効率的です。申請された経費は経理担当者のチェックを経て，経理責任者に承認されます。

⑵　支払依頼を作成する

その都度支払を行うような経費については送られてきた請求書をもとに経理部門で「支払依頼」を作成します。会計ソフト・請求・販売管理ソフトなどの機能で支払依頼作成が連動している場合には，それらの機能をそのまま使います。「支払依頼」はワークシートで作成する場合が多いですが，後続の振込処理でそのまま使えるような銀行振込フォーマット形式で最初から作っておくと，より効率的になります。

⑶　支払依頼を承認，実行する

作成された支払依頼を経理責任者がチェックします。請求書と支払依頼を付き合わせ，正しく作成されていることを確認します。具体的には以下の項目をチェックします。

- 支払先
- 支払金額
- 明細の情報
- 支払期限

支払依頼の確認が完了したら，経理担当者が支払登録を行います。多くの場合は銀行のネットバンキング・サービスを使って支払予約や振込予約の処理を行うという流れになります。

経理担当者は，登録した振込予約の承認依頼を行います。これもネットバンキングで行うことが多いでしょう。

振込依頼について送金期限ごとに上長が送金の承認を行います。チェックする内容は支払依頼の承認時と同じですが，再度ダブルチェックを行います。送金の承認を行うときには，認証トークンなどを用いたワンタイムパスワードの発行という操作をすることで，厳重なセキュリティを確保します。これによって，上長が送金を承認するものと指定した日付に銀行口座から各支払先に出金されます。

(4)　テレワークにおける留意点

ネットバンキングにおいて利用する認証トークンは，テレワークと相容れない部分があります。具体的には認証トークンは発行数や利用者が限られており，セキュリティ維持のためその保管場所も一定の場所（施錠された場所が望ましい）にしておく必要があります。

認証トークンがむやみに移動したり持ち出されたりすることは原則として控えるべきでしょう。しかし，一方でテレワーク対応するときには登録や承認を行う者が常にこのようなトークンを使える環境になければ，「会社に行かないと操作ができない」「承認ができない」というボトルネックが生じてしまいます。利便性とセキュリティのバランスをとる対応になりますが，テレワーク対応を行うにあたっては，セキュリティをどこまで妥協して利便性を高めるかを常に考えましょう。

この課題を解決する方法としては次のような対応を想定します。

- 経理担当者全員に認証トークンを持たせて，誰がいつ利用したかという履歴がわかるようにしておく
- そのうえで，認証トークンの所在場所を管理して紛失時に適切な対応がとれるようなルールを定めておく

このときに，トークンの保管場所を指定することや保管方法として制限を設けることも忘れてはなりません。支払証憑の管理保管もデジタル化しておくことが重要です。「紙」の資料が存在して一定の場所にファイルするようなルー

ルだと，そこがボトルネックになってさまざまな処理が停滞します。テレワークにおいては，「紙」の資料の存在および「捺印」「印刷」といったアナログなフローをいかに削減・極小化し，処理のボトルネックを解消していくかが鍵になります。

3 給与計算

図表5-6　給与計算概念図

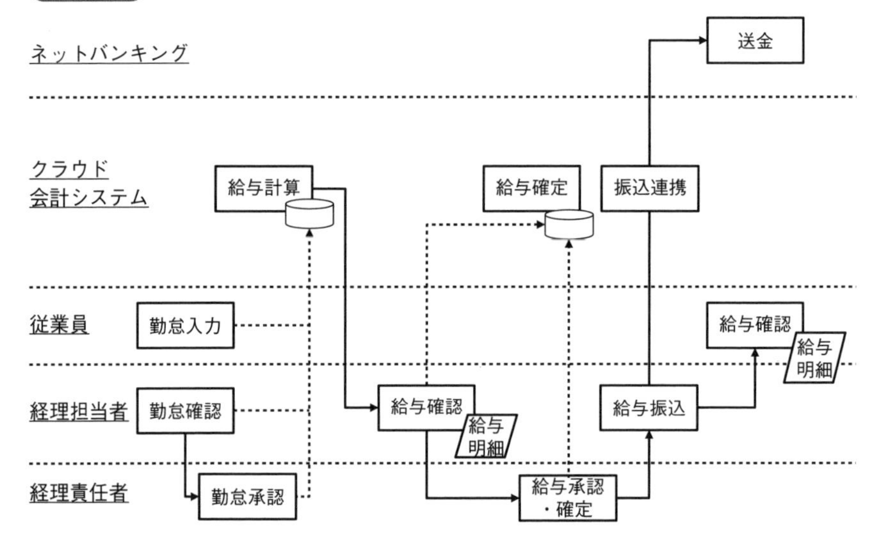

（業務の概要）

- 勤怠を入力する
- 勤怠を承認する
- 給与計算を実行する
- 給与を承認する
- 給与を確定する
- 給与明細を発行する
- 給与を振り込む

⑴　勤怠を入力する

テレワークにおいても「始業」「終業」時刻の把握は必要です。なぜなら労働基準法に基づく残業代の計算に対し，「就業時間」の情報が必要になるためです。これらの情報をいかに効率的に取得できるかどうかが，テレワーク実施の効果に大きく影響します。具体的には，勤怠管理システムなどでオフィスに行かなくても勤怠情報を入力・提出できるような仕組みを準備します。

勤怠管理機能を持つクラウド・サービスは多くの企業で利用されています。スマートフォンやタブレットなどで勤怠情報を入力できる環境が増えてきています。従来型のタイムカード方式による勤怠の把握は会社への出社が前提となるため，テレワークには馴染まない方式です。このような仕組みを現状採用している場合には，勤怠入力の仕組み自体をクラウド・サービスに移行していく必要があるでしょう。

「打刻」作業の自動化についても考慮しておきたいところです。勤怠時間を従業員各自が入力するよりも，特定のボタンを押した時刻に基づいて自動的に「始業」「終業」の時刻を把握できるようにすると，労働実態をより正確かつ効率的に把握することが可能になります。

⑵　勤怠を承認する

勤怠の承認は勤怠管理サービスや給与計算ソフトなどの機能を使ってワークフローの一部として行います。勤怠表に対する手書き入力・捺印・サインといった慣習は，テレワーク導入を機会に廃止を検討しましょう。一方では，労務上問題が出てきそうな局面（たとえば就業時間が慢性的に深夜にわたるようなケース）については，勤務状況が確認できる状態を常に維持しましょう。従業員によっては際限なく時間を使って働くことも可能であり，夜型の人であれば深夜に作業が及ぶことも恒常的に起こります。労務状況を監視する体制が整備されていない場合は，テレワークにおいてもオフィスにいる場合と同様に上長が常に労働状況を把握できるような工夫が必要です。

特にフレックス勤務や裁量労働制を採用しているような企業の場合は注意が必要です。労務実態の把握とともに給与支払月ごとの勤務状況のモニタリングを行うことで，慢性的な残業に伴う健康状況の悪化を避けなければいけません。会社としては所定の勤務時間のなかでパフォーマンスを発揮してもらい，休むべき時には休んでもらうということも明確に線引きできるように管理する必要があります。

⑶ 給与計算を実行する

勤怠入力情報に基づいて，基本給および残業代の計算を行います。変動給与の場合には給与計算システムによって残業代の計算は自動化されます。また「欠勤」があった場合には総支給額から該当の金額が控除されます。固定給与の場合には，原則として残業代は（見込み残業代として）当該給与に含まれるものとして計算は行われませんが，この場合でも勤務実態に基づいて労働基準法に定める超過時間があれば残業代の支給が必要となる点は注意してください。

立替経費の承認や給与への反映は給与計算の段階で同時並行的に行います。近隣交通費の発生や消耗品費の立替など，給与の締めサイクルに合わせて経費申請を行い，支払給与に連動する形で同じタイミングで支払うことになります。

⑷ 給与を承認，給与明細を発行する

上長は計算された給与および残業代や立替経費の内容について精査し，修正点があれば担当者に指示します。担当者は修正内容を反映して再度承認申請を行います。給与計算ソフトやサービスに承認申請機能があればそれをそのまま使いますが，ない場合には別途ワークフローを用いて給与計算の完了と申請の依頼を行います。この場合でも場所や時間による制約が発生しないよう，原則としてワークフロー・システムに申請のログが残るように管理します。

給与が確定すると，給与明細の発行ができるようになります。経理担当者が給与明細を発行し，従業員は当月の給与明細を各自確認できるようになります。給与計算ソフトやクラウド・サービスでは給与明細の発行をデジタル化し，

「紙」の明細などを使うことなく画面で確認することができるようになりますので，給与明細を「紙」で発行している業務であれば，テレワーク対応するためにこのような給与明細のデジタル化も検討していきましょう。現在，給与明細の発行通知をメールで個別に行うようなフローになっているのであれば，給与計算ソフト・サービスから自動的に通知が行われるような仕組みに変えていくことで，担当者の事務的な負荷をさらに軽減することができます。

⑸　給与を振り込む

銀行からの振込手段には「総合振込」と「都度振込」の２種類の方法があります。都度振込の場合には「支払」の振込予約と同様に，担当者が振込内容を申請して上長が承認するというフローになります。

総合振込の場合には，大量の従業員の口座別に振り込む内容を記載して，１つの支払登録として振込予約を行うことができます。上長は給与明細の内容および支払地などの内容と照合し，給与の内容を一括して承認します。総合振込の場合は都度振込よりも制限が多く，「支払実行日の何営業日前」といった承認期限が設けられていることが多いため，その期限に合わせて承認を行わなければいけません。

⑹　テレワークにおける留意点

給与計算業務においては，スケジュールの制約があるなかで，テレワークにより作業場所が分散することになります。そこで，いかに滞留することなく業務フローを進めることができるかどうかがポイントになります。承認や確認が完了したことをタイムリーに後続タスクに伝達するためには，経理部門内もしくは経理部門と各従業員との密接なコミュニケーションがとれるかどうかがカギになります。チャットなどのメッセージング・ツールを効果的に使うことで，不明点や修正点の確認を限りなくリアルタイムに近づけることが可能になります。

また，給与業務においても，銀行振込における認証トークンの利用がボトルネックになりやすくなります。経理責任者が不在時で承認が期限までに行われないといったリスクを避けるため，前述の支払業務と同様に，上長が所定の保管方法によって認証トークンをいつでも利用できるような状態にしておくといった対応が考えられます。

4 取引登録

図表5-7 取引登録概念図

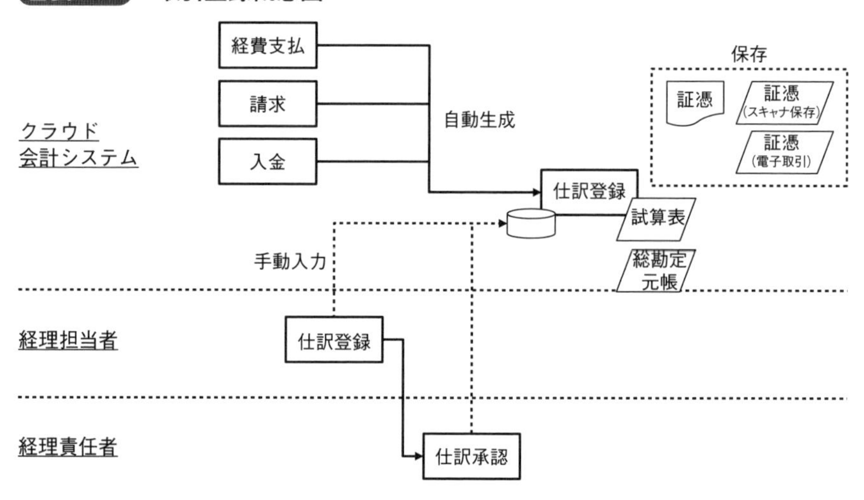

（業務の概要）

- 証憑書類を集約する
- 仕訳を登録する
- 仕訳を承認する

(1) 証憑書類を集約する

取引の登録は，証憑書類をもとに会計システムに仕訳を登録する作業です。先に述べたように，書類は「紙」の資料が保全されることを前提に，あらかじめすべての書類をクラウド・ストレージに保存しておき，時間場所を問わずいつでも利用可能にしておくという対応が必要です。クラウド・ストレージを使う場合には，一定のアクセス権限を想定して，不正なアクセスを許さないような対応をとることが必須となります。

証憑書類をファイリングする過程でどうしても経理業務の習い性のようなものがあり，「なるべくきれいにファイリングする」ことを目指したくなるところなのですが，きれいにファイリングされた書類が参照される場面は税務調査など，限られた場面にとどまります。そのため，「紙」の書類をファイリングすることは一見必要そうにみえて，実は経理業務にとって付加価値の低い作業なのです。テレワークの場合には「紙」の書類を扱う重要性が低くなりますし，そもそも重要性を持たせるべきではないため，ファイリングの要請も必要最小限で足ります。具体的には以下の方法で十分です。

- 月別のポケットファイルに請求書や各種証憑書類を日付順にクリッピングして格納する
- 会計ソフトから自動発行される証票番号を証憑書類に記入し，大きさ・種類・内容などの分類を行わず番号順で機械的にファイリングする

実際にこのようなある意味「ラフなファイリング」の仕組みによって問題なく経理業務を回すことができますし，取引と証憑書類との関連づけは会計システムのなかでデジタルデータとして参照することができるので，紙の資料を閲覧する機会はほとんどなくなります。経理担当のメンタリティとしてどうしてもきれいにファイリングしたくなるところですが，ここは生産性の観点から割り切って，効率重視で考えていきたいところです。

図表5-8　証憑ファイリングの例（写真）

スキャンしてデータ化した書類はもはや役割を終えます。この例では課税文書の保存のために日付順に証憑書類をファイリングしていますが，データのほうでも日付順に検索できるため，ラフにファイリングしても見る機会はほぼゼロになりデメリットはほとんどありません。ファイリングに労力をかけずに最小限の手間で保存しておく，それだけでも，業務負荷を下げることが可能になります。

(2)　仕訳を登録する

仕訳の登録にあたっては，「紙」の伝票を起票することは廃止したいところです。証憑書類との突き合わせをどのように進めるのかという問題もありますが，「紙」を使わないという前提でデータとの突き合わせを原則としていきましょう。このときノートブックPCなどの１つの画面で「確認」と「入力」を両立するのはミスも招きやすいため，外部モニターなどを活用して一方の画面で「入力」，もう一方の画面で「確認」と役割を分けると作業効率も改善します。テレワークを前提とした経理業務では，マルチモニター環境を必須にすべきといっても過言ではありません。関連証憑とのチェックができれば十分ですので，それ以上に手間をかけることなく必要最小限の時間でデジタルデータを検証できるようにしておく必要があります。

⑶　仕訳を承認する

上場企業およびそれに準ずる企業であれば内部牽制の一環としてダブルチェックが求められることから，会計システムとしても登録された伝票を承認する機能が必須になります。適切な権限のもとに経理責任者が各種理由を承認し，最終的な仕訳の確定に至るまでをワークフローで制御します。

⑷　テレワークにおける留意点

ここまで述べてきたとおり，テレワークにおける承認フローは原則として電子的な仕組みを想定します。会計システムのなかで承認フローが整備されていればそれをそのまま使えますし，承認ワークフロー・システムと連携する形で使うのであればそれらを組み合わせた業務設計を考えていくことになります。もちろん新たなサービスシステムが増えることで従業員にとっては習熟コストが上がってしまい，実際に運用するための時間がよりかかってしまうことになります。しかし，短期的に習熟コストがかかってしまったとしても，全体を通してワークフローが整流化されれば，全体の業務生産性を高めることができますので導入時にあまり神経質になる必要はありません。

5　月次処理

（業務の概要）

- 月次処理（部門ごとの取引集約とチェック）
- 月次報告資料を作成する

⑴　月次処理

日常的な仕訳登録を踏まえ，月次処理では登録された仕訳のチェックを行い

図表5-9　月次処理概念図

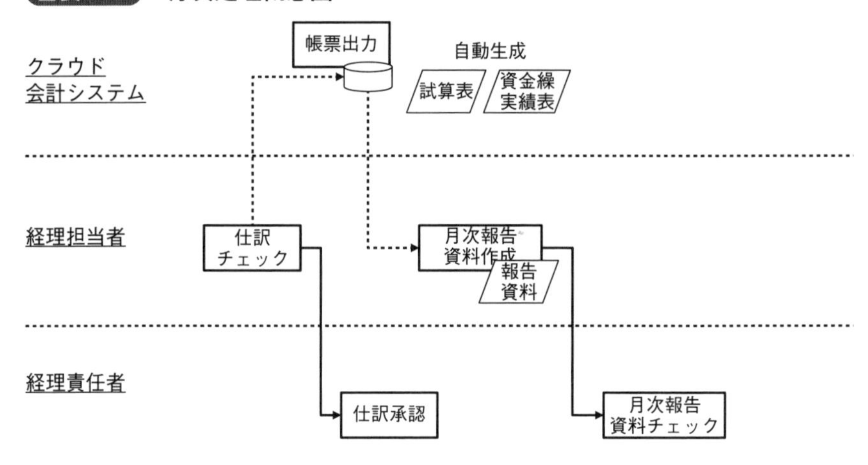

必要な修正を行います。また，取締役会や経営会議などの会議体に向け，会計帳簿から各種報告資料を作成していきます。月次処理をテレワークで期限どおりに進めるために以下に留意する必要があります。

• 経費申請の締切

取引の登録にあたって，申請される経費が期限までに経理部門に集まらないことには処理が滞ってしまいます。経費申請の遅延がないように，申請の期限および遅延が起きた従業員に対するアラートをしっかり出すというルールが求められます。システムによる自動通知のほか，経理担当者からの個別の確認で補完します。

• 取引の登録

受領した請求データに基づいてタイムリーに仕訳登録を行いますが，月次処理では日常処理で抜けていた取引の追加登録や登録済み取引のチェックが中心になります。取引先から請求書が到着していない場合には処理の遅延につながりますが，金額や取引パターンが一定の場合は見込み金額で取引登録することで遅延を防ぐことができます。

・各種チェック

月次処理の確定に必要なチェック項目（たとえば勘定科目残高間の整合，預金残高の照合，未計上の経費の計上，関連づけられた証憑書類のファイリングなど）について，経理部門内でチェックリストを用意し，それらのチェック項目を消し込んでいくことで進捗度を可視化することができます。特にテレワーク環境では進捗が見えにくくなるため，積極的にこれらの情報を共有する工夫が求められます。

⑵　月次報告資料を作成する

取締役会向けや経営会議向けなど，さまざまな様式で月次の報告資料を作成します。具体的には会計帳簿を基礎データとして作成した「月次損益実績」「資金繰り分析」「部門ごとの売上分析」などが該当します。

これらの資料作成はデータの集約や集計を自動化することで高速化を図ることができ，そのような効率化はテレワークでも十分対応可能です。作成した資料をクラウド・ストレージでどのように保管・更新するかというルールをあらかじめ協議しておきましょう。具体的には以下のようなルールを決めます。

- 作業フォルダおよび成果物格納フォルダの場所を決めておき，原則としてクラウド上での編集作業を行う
- １つの資料を複数担当で分担して作成する場合には，成果物の集約や結合を誰がオーナーとなって進めるかをあらかじめ決めておく

月次報告資料が完成したら，承認者による確認や承認者と担当者との読み合わせにより報告資料を確定するという実務があります。読み合わせは必須ではありませんが，資料の品質を確認するために，経理責任者は資料一式を網羅的にチェックし，不整合があれば担当者に修正を指示します。

これらはすべてテレワークでの対応が可能ですが，お互いが離れていることを考慮してコミュニケーションをなるべく高い頻度で行い，修正対応をできる

だけ早く完了できるよう工夫していきます。

(3) テレワークにおける留意点

経理業務は「データ」を処理する業務が中心となるため比較的テレワークに馴染みやすいという特性がありますが，例外的に当てはまらない業務がいくつか存在します。たとえば，在庫を保有する企業の場合には定期的な棚卸を実施するといった業務があり，現地に出向いて現物を確認することが必須であることからテレワークでの対応は困難です。また，金庫内の現金や固定資産・備品といった現物管理が必要なものについてもテレワークとは相性がよくありません。

このような限界に対しては，管理する対象物を減らすことで負荷を軽減することが可能です。たとえば，現金であれば小口現金の利用を制限もしくは廃止することで小口現金管理業務そのものが消滅し，現物管理をする必要がなくなります（小口支払が発生した場合は従業員による立替精算などで対応します）。テレワークでできないことをどのように克服するかについては，このような視点の転換で解決することができます。

6 決算処理（単体）

（業務の概要）

- 決算整理事項をまとめる
- 単体財務諸表を作成する
- 注記情報を作成する

(1) 決算整理事項をまとめる

年次決算特有の決算整理仕訳の登録にあたっては，以下のフローで検討を進めます。

図表5-10　決算処理（単体）概念図

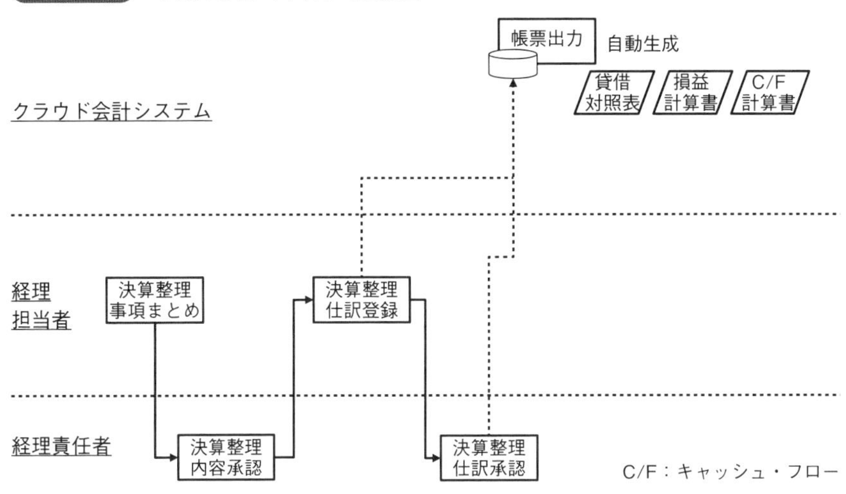

・決算整理に関するコミュニケーション，協議

当年度の会計方針が前年度と変更がないかどうかを確認し，経理部門内で共有します。新たな会計方針が適用される場合はその影響範囲を確認します。また，年次の決算作業における作業分担を確認します。具体的な決算整理の内容（見越し繰延べ計上，引当金の計上，繰延税金資産の算定，減損の判定など）について，明細資料を作成して仕訳情報にまとめます。

・決算整理事項の取りまとめ

明細から集約された決算整理事項について網羅的に協議とチェックを行い，妥当な仕訳であることを経理責任者が確認します。

・決算整理仕訳の作成

承認された決算整理仕訳を会計システムに登録します。

これらはリモートでコミュニケーションをとれる環境さえあれば，テレワーク環境でも同様の業務を進めることができます。

⑵ 単体財務諸表を作成する

決算整理仕訳を入力すると，会計システムによって即時に総勘定元帳にも反映され，反映後の試算表を出力することができます。想定した金額になっていることを担当者および責任者がチェックします。

⑶ 注記情報を作成する

各種の増減明細や引当金の明細などを作成します。基礎データとして固定資産台帳データや引当金の計算資料を利用します。

⑷ テレワークにおける留意点

単体決算の作業は全般においてテレワーク対応のハードルは高くありません。ただし作業中に数字が頻繁に動くため，常に最新の状況を把握できるような環境を用意しておく必要があります。会計ソフトであれば常に最新の仕訳登録状況が確認できますが，そうしたソフトをオンプレミスで利用している場合は仕訳も分担して投入するケースが多いため，どのタイミングで反映されているかという状況は常に共有しておきましょう。

また，仕訳の承認機能を活用することで，不用意に登録された仕訳がそのまま残ってしまう，といったことも回避することができます。内部統制の要請にも応えるために，仕訳の承認機能を前提とするフローを組み立てましょう。

決算における会計方針の検討においては経理部門における定期的なミーティングや「朝会」などのタイミングで逐次共有し，コミュニケーション不全が起きないような工夫をします。このようなミーティングもテレワーク環境で実行可能です。作成した仕訳や明細の保管場所は一元管理しておき，「勘定科目別」「作業種類別」「担当別」といった区分で分類されているとわかりやすくなります。以下に具体例を記します。

図表5-11　フォルダ構造の例

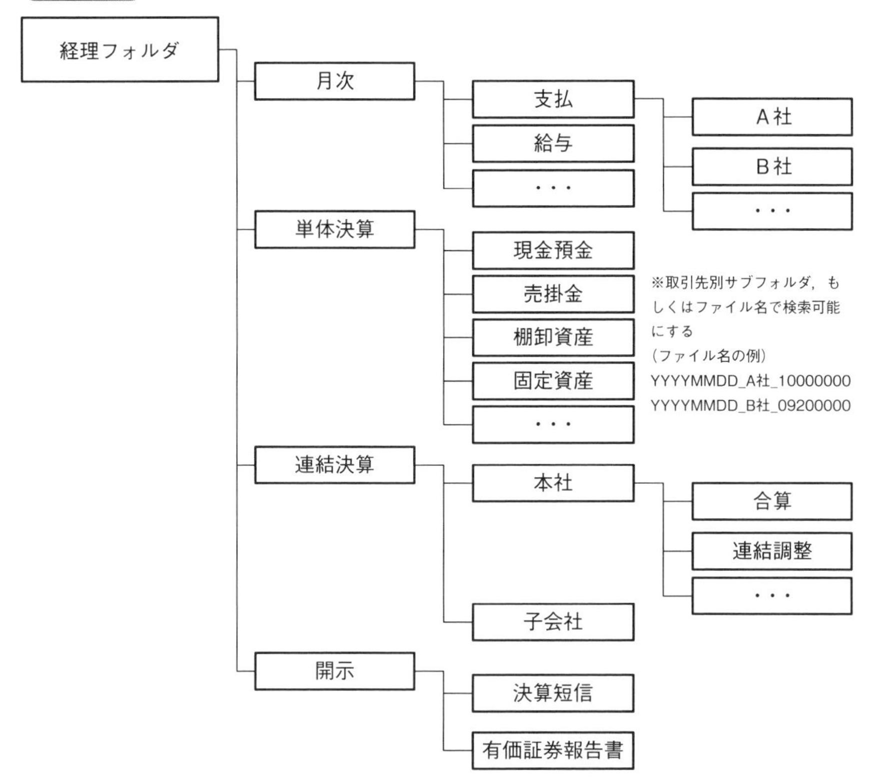

7　決算処理（連結）

（業務の概要）

- 連結パッケージを収集する
- 単純合算を集計する
- 連結調整仕訳を作成する
- 連結精算表を作成する

図表5-12 決算処理（連結）概念図

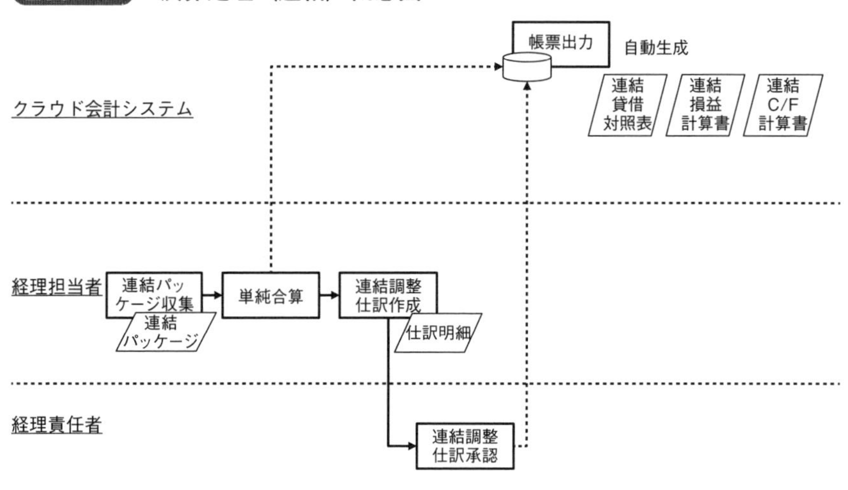

(1) 連結パッケージを収集する

連結パッケージとは，子会社の財務諸表についてスプレッドシートや入力フォームなどの形式で１つの様式に取りまとめられた入力用の資料のことで，親会社がグループ各社に配付して収集します。この連結パッケージを期限までに収集し，親会社での合算や連結修正のための基礎データとして使うことになります。

連結パッケージは，社内システム内に作成・保管されることを前提とする時代が長く続きましたが，現在はインターネットを介して全世界から収集する仕組みが普及しています。重要な財務データであるため，必要なセキュリティの対応をした上でメールや「収集・管理サービス」などを使って各社の財務諸表の内容を連結パッケージの様式で収集していきます。

このようにネットワークを活用したデータの収集を行うという点で，テレワークとは比較的相性のよい業務といえます。重要書類を社外に持ち出すのが難しい場合においては工夫が必要ですが，場所や時間の制約にとらわれず業務を進めることができる，時差の対応も容易であるというメリットがあります。

スプレッドシートで連結パッケージを収集する場合には，親会社で一定の様式を定めたスプレッドシートを準備し，グループ会社各社に配付します。子会社では連結パッケージの様式に基づいて「貸借対照表」「損益計算書」をはじめとした各種財務情報および取引明細等の情報を入力して親会社に提出します。連結パッケージ収集サービスやシステムを自社で利用している場合には，入力画面から財務諸表の情報の数字を直接入力し，申請操作を行って提出完了すると親会社のシステムで自動集計されるといった仕組みになります。

どちらの方法によった場合でも，インターネットを介したオペレーションになるためテレワーク対応は容易です。

連結パッケージに正しく決算書の数値が入力されていれば，問題なく次の業務に進むことができますが，往々にしてグループ会社の入力した数値に不整合があったり，入力にミスがあったりといった状況が起こります。そのため，親会社では，グループ会社から提出された連結パッケージのデータをチェックし，不整合があれば再入力や内容確認などのコミュニケーションをとることになります。この局面でのコミュニケーションはテレワークで対応することは可能です。時差や言語の問題がありますが，資料の共有がネットワークを通して一元的に実現されていれば，テレワークでも生産性を落とさずに進めることができます。

また，連結パッケージの提出状況や入力状況といったステータスを管理する必要があります。提出が遅れているグループ会社であれば，期限までに提出を完了するまでどれぐらい余裕があるのかステータスを管理することになります。これらの情報も，グループ全体で常に共有することができる環境を整える必要があります。具体的には，ワークフローシステムやプロジェクト管理ソフトを利用して，提出ステータスが目に見えるようにしておくという方法があります。

⑵ 単純合算を集計する

単純合算とは，親会社およびすべての子会社の財務諸表を１つの財務諸表に取りまとめる最初のステップとして，「貸借対照表」「損益計算書」などの基本財務諸表を全会社分合算して１つの金額に集計することです。子会社の数が少なければスプレッドシートで集計することも容易ですが，子会社が数十社～数百社にわたる場合には，連結会計システムを活用して単純合算数値を自動集計する仕組みが必須になります。連結会計システムがクラウド上で操作できるものであればテレワークとの相性はよいのですが，オンプレミスでの運用の場合には社内システムにログインするための環境整備が必要になります。

単純合算の集計が完了したら，集計元となる個別財務諸表と数字を突き合わせます。自動集計されていればこの作業は不要ですが，スプレッドシートなどを使って手動で集計している場合は，子会社の決算数値が単純合算の数値に反映されていることを明細とともに確認するというステップが発生します。このようなチェックにあたっては，担当者自身が数字を細かく確認していくとともに，上長が網羅的に確認するというダブルチェックが望ましいでしょう。この作業もテレワークによって適切に進めることが可能です。

問題は数字に不整合が起きたときや，子会社に数字の根拠を確認したいときに現地担当者等とコミュニケーションする場合ですが，そのような際にもチャットやストレージ・サービスを活用することで社内にいる場合と同程度のスピードで確認を進めることが可能です。

⑶ 連結調整仕訳を作成する

連結調整とは，単純合算の数値に対して連結決算固有の仕訳を計算・投入する作業で，以下の処理があります。

• 投資と資本の消去

親会社の投資持分と子会社の純資産情報をもとにした「持分計算表」を作成

します。これらは投資実行時から累積的に行われた投資持分の増減状況と直近の子会社財務諸表に基づいて明細を計算することができます。これは親会社でのみ行う作業であるため，テレワーク対応することはそれほど支障にはならないでしょう。

・債権債務・取引高の消去

債権債務・取引高の消去とは，親子間での取引や子会社間の取引によってグループ内で発生している取引について，連結上「発生しなかったことにする」ための相殺消去仕訳を作成する作業です。これらを作成するためにグループ間での「取引高」や「債権債務」の内訳明細を入手し，グループ間で発生している取引および残高の集計を行います。

「債権と債務」「売上と原価」など，対応する取引や債権債務が一致していれば問題なく進められる作業ですが，多くの場合は債権と債務の金額が一致していなかったり，その原因を追及しなければいけなくなったりします。この場合，子会社にその内訳を確認することが必要になります。テレワークでこうした確認を行うためには，対象となる明細や連結パッケージのデータが，常に参照できる環境のもとで管理されている必要があります。

・未実現損益の消去

未実現損益の消去とは，グループ間取引の結果によって期末時点で在庫がグループ会社に存在し，その金額の内訳に内部利益の金額が付加されていれば，それを消去するための仕訳を作成する作業です。これを計算するためには「売り手」「買い手」の原価率の情報や期末の在庫の情報といったデータが必要になります。そのため，取引の相手側に問い合わせなければ情報が得られない場合には，追加的なコミュニケーションが発生します。これもテレワークで行う場合には，常に明細データを参照できる環境を整備する必要があります。

・持分法損益の認識

持分法損益の認識とは，グループ会社のうち「関連会社」における損益の持分相当額について，親会社の連結上の損益に取り込むための仕訳を登録する作業です。これを計算するためには，関連会社の損益計算書と連結上の持分割合の情報が必要になりますが，これは親会社で計算できる情報ですので特に関連会社とのコミュニケーションは発生しません。テレワークに移行しても大きな支障はない作業になります。

これらの連結調整仕訳をすべて作成できたら，明細を親会社で取りまとめ，仕訳明細と合わせて資料化します。これらの資料は社内システムや社内ストレージの一定の場所に保管するほか，クラウド・ストレージの利用が有効です。テレワークにおいては，インターネットを介してこれらの資料を常に参照できる環境が用意されていると，より効率的に作業を進めることができます。

作成された連結調整仕訳の明細は，経理責任者による網羅的なチェックが行われます。この際にチェック対象となる資料や明細の情報が一元的に管理されていなければ効率的に進められませんので，明細の作成時と同様に関連資料を一定の場所に保管する運用ルールが必要です。

連結調整仕訳の起票と反映は，単体決算における決算整理仕訳の登録と同じ操作になります。特に連結処理特有のリスクがあるわけではありませんが，ワークフローに基づいた仕訳の承認プロセスをしっかり確保して，不正な仕訳や間違った仕訳が登録されるリスクを低減することが求められます。そのためにも，相互牽制による承認フローは必須となります。

⑷ 連結精算表を作成する

すべての連結調整仕訳が反映されると，連結精算表が完成します。すべての仕訳が登録されていることを網羅的に確認するとともに，仕訳登録エラーのチェックを進めていきます。明細との突き合わせはこの段階では完了していますが，ワークフローとして厳重にチェックする場合にはこの段階でも明細との突き合わせを行います。

連結決算では，固有の明細資料を作成します。たとえば，連結附属明細表など，親会社の作成する明細と子会社の作成する明細それぞれを合算して作成するといった作業が待っています。このような作業になると親子間での連携が必要になります。対象資料や明細情報を一元的に管理し，親子間のコミュニケーションを通じて成果物として仕上げられていくことが求められます。この点でも，テレワークに対応するためには，コミュニケーション不全が起きないような工夫をする必要があります。

⑸　テレワークにおける留意点

連結決算の業務における留意点としては，経理部門内にとどまらず国内拠点あるいは海外子会社といった多拠点間のコミュニケーションが頻繁に発生する点があります。親会社の内部だけでなく，グループ全体を横断した分担作業が多いため，効率的に資料やデータの取りまとめを行って，数字を仕上げる作業をスケジュールどおりにこなす必要があります。

テレワークでこの業務を進めるうえでは，コミュニケーションを密接に行って日々の進捗の状況を可視化し，グループ会社のどこかで作業遅延が起きていればすぐに対処できるような体制を整えておくことが必要です。特に海外子会社に対しては，時差があるためスピーディーな対応が難しいという点には注意が必要です。そのため，時差を考慮し，リードタイムを想定したスケジュールを作ったうえで，24時間に１回以上の進捗確認を行うといった工夫を取り込みましょう。

テレワークにおいてはチャット等のサービスを活用しますが，このような非同期コミュニケーションは連結決算のような場所・時間を横断して進められる作業において非常に大きな効果を発揮します。社内でどのようなツールを使うか，また操作に習熟していない担当者がいる場合はどのように学習していくかを決めて，連結決算本番に進む前に準備を完了させておきましょう。

8 監査対応

上場企業における会計監査対応は経理部門にとっても負担の重い業務の１つです。決算が確定した後も監査対応にその時間をとられるといった状況があるため，テレワークに移行する場合にこの業務負荷をどのように軽減するかが課題になります。

（業務の概要）

- 監査資料を準備する
- リードスケジュールを作成する
- 監査チームとのコミュニケーション
- 修正仕訳・組替仕訳を反映する

⑴ 監査資料を準備する

会計帳簿をはじめ，会社で作成した明細資料を監査チームと共有します。監査チームはそれらの資料を精査・吟味し，必要に応じて経理部門への質問などを実施します。

監査対応における重要なポイントは，以下の２点です。

- 経理部門の成果物である明細資料や決算書といったドキュメントがタイムリーに共有されること
- 経理部門と監査チームとのコミュニケーションが円滑に行われること

テレワークへのスムーズな移行を図っていくうえで，資料の共有が負担なく行われることが肝要です。従前は関連資料を印刷してバインダー等に挟んで提供する実務が一般的でしたが，現在はデータによる資料の提供が主流となっています。

⑵ リードスケジュールを作成する

リードスケジュールとは，財務諸表の勘定科目ごとに，当年度の増減および期末残高について，残高と明細を関連づける資料の名称です。監査業務で広く使われている資料ですが，会社が作成した試算表のデータや勘定科目別明細をもとに，監査チームがこれらの資料を作成することになります。前年度から継続するルーティン業務として，このような資料を作成することはあらかじめわかっているので，基礎資料として勘定科目別明細やリードスケジュールを会社側で準備しておくと，監査対応の効率化が可能です。

明細資料は，リードスケジュールのつながりを維持しつつ，主要な勘定科目の増減の内訳や関連する資料へのリンクなどを用意したものです。従来の経理業務においては「紙」による保存が前提になっていたため，監査チームも原則としてオフィスに常駐し，疑問点があれば経理部門に質問に来るといった対応を行っていました。テレワークのもとでは，この「オフィスに常駐」という前提が崩れてしまうので，これらの資料をどのように共有するか，質問への対応をどうやって効率的に行うかが課題になってきます。

もっとも，リードスケジュールの作成は監査チームの作業なので会社が肩代わりするまでもないという向きもあるかと思われます。そのようなケースを想定し，クラウド会計システムを導入している場合には，会計帳簿データへのアクセスを監査人にも開放してしまうのがより有効な方法です。監査人専用に帳簿データを閲覧できるIDを発行し，自由に閲覧できる環境を準備することで，監査人はリードスケジュールや明細の参照を自由に行うことができ，会社が資料準備している間の手待ち時間を減少させることが可能です。

ドキュメントの一元化という観点では，「紙」資料をなるべくなくしていくことが１つの方向性になります。前述した「紙」の証憑書類をスキャンしてPDFや画像ドキュメントに変換し，フォルダごとの一元管理を行うことで参照する資料の構造が共有されると，経理部門・監査チームともに同じドキュメント構造を共有し，内容を確認することができます。スキャンを行う手間がどうしてもかかってしまいますが，これはテレワーク導入に向けた重要な作業として日常業務のなかに組み込んでおく必要があります。

単にドキュメントをスキャンするだけでは十分ではありません。ドキュメントの構造ごとにインデックスを付けて，勘定科目ごとの明細と残高を突合することで，関連資料を経理部門で準備しておけば，監査チームにとっても特定の勘定科目に対する明細の資料の所在がすぐにわかるので，対応がスムーズになることでしょう。

場所が離れていることによってドキュメントの更新管理の問題や履歴をどう保持するかという問題がありますが，クラウド・ストレージなど場所や時間の制約を問わず閲覧できる環境を用意することで解決が可能です。

大手監査法人では，スマートフォンやタブレットにアプリをインストールして，必要な書類を閲覧できるようにする仕組みを提供しているという事例があります。デジタル化された「紙」の書類についても，スマートフォンの更新画面で確認することによって，取引の実在性を確認することが可能になります。この領域の技術は試行錯誤ではありますが，新型コロナウイルス対策を経て，テレワークを前提とした実務が定着するものと予想されます[1]。

なお，経理部門で参照する文献や情報が自宅では参照しにくい（物理的に持ち帰れないなど）といった制約も生まれます。その場合は，たとえばリモート・アクセス方式で社内の文献やリファレンス書籍を参照するといったことも可能になります。作成した資料にとどまらず，あらゆる情報がデジタル化・一元管理されることによって，どの場所・どの時間帯においても情報共有できる環境を用意することが監査対応の面でも有用になります。

また，ドキュメントが更新されたときの状況を共有する工夫も必要です。取引の変更や仕訳の修正が行われれば，試算表の残高や決算の情報も更新されます。監査人はそれに合わせて，差し替えられた数字の再チェックを行うことになります。これをタイムリーに行うためには，経理部門が更新した情報がほぼ

1　https://www2.deloitte.com/jp/ja/pages/about-deloitte/articles/news-releases/nr20180801.html

リアルタイムに共有され，時刻単位での修正情報をログとして参照できる仕組みを提供することにより，効率的に監査チームとの情報共有が可能になるでしょう。

このような仕組みはクラウド・ストレージを使うだけでは困難で，会社で管理するデジタル資産へのログ管理やモニタリングの仕組みを追加的に検討する必要があります。IT部門との連携によって，どのように実現するかということを検討しましょう。

⑶　監査チームとのコミュニケーション

監査チームの質問にどう対応するかは，監査対応のなかでも時間のかかる作業の１つです。経理部門は手元で進めている作業を中断して，監査チームの質問に答えていかなければなりません。これを効率的に行うためには，監査チーム側での引継ぎや新たなスタッフがアサインされたときの情報引継ぎといったところも重要ですが，経理部門においてはどのような質問をこれまでに受けてきたのか，それに対してどのように回答してきたのかといったところをリファレンスとして残しておくと，翌年以降の監査対応に役立てることができます。

典型的な質問については経理部門のなかで「FAQ」（よくある質問）を整備しておくことで，より的確に効率よく対応できます。また，新しい経理スタッフが経理部門にアサインされたときにもスムーズに監査対応することが可能になります。もちろん決算数値は毎年変化しますし，新たな事実が出てくれば過去の経験をそのまま使うことはできません。追加的な（多くの場合アドホックの）質問については，別途対応していく必要があります。

テレワークにおける質問対応は，表情や振舞いが見えないこともあり，場所や時間の制約が取り払われることによってコミュニケーション品質が下がる可能性があります。そこで，オンサイト（社内）の環境と近い状態でコミュニケーションを保てるように工夫をしておきましょう。考えられるケースとして以下のパターンがあります。

• 会社も監査チームもオンサイト

従来から存在するパターンです。資料も会社にあり，人も自由に往来することができるので最もスムーズにコミュニケーションをとることが可能です。

• 会社がオフサイト（一部オンサイト），監査チームがオンサイト

会社がリモートワークで，監査チームはオンサイトで作業せざるを得ない状況になったときは，監査チームの質問に対応するために経理部門がタイムリーに動ける環境を作る必要があります。基本的に就業時間のなかで監査チームとリアルなコミュニケーションをとれる環境作りが必須で，質問に対する資料の提供や社内リソースにすぐアクセスできる状態を用意する必要があります。

• 会社がオンサイト，監査チームがオフサイト

監査チームがオフサイトで監査するケースは現状ではレアケースかもしれませんが，今後増えてくるでしょう。この場合にも，リモートで受けた質問をタイムリーに返す仕組みを会社が準備する点には変わりありません。伝えた内容および質問への回答をデジタルデータで共有し，リスト化やログに残しておかないと，二重の質問やコミュニケーションロスが生まれる可能性があります。

• 会社も監査チームもオフサイト

今後普及が見込まれるパターンです。誰も会社にいないので，資料の共有やコミュニケーションはすべてリモート環境が前提になります。ドキュメントの一元管理や共有はもちろんのこと，コミュニケーション環境の整備が監査の円滑な進行を実現することにつながります。

このようにさまざまな工夫をしても，やはりテレワークではカバーしきれない業務が残ります。たとえば，「現金及び預金」や「売掛金」といった勘定科目ごとに行う「確認」という監査手続のなかで，「残高確認状」と呼ばれる所定の様式に残高を記入して返却回収するという実務があります。この場合の郵送物の宛先は会社の本社であることが多く，それ以外の場所を指定することは困難です。したがって，郵送で返却された確認状を取りまとめる作業はどうしても社内で行う必要が出てきます。これらの書類は秘匿性の高い内容であることから，持ち出すのは困難であり，残高確認および再発送・再確認といった業務は会社のなかになお残ることが予想されます。

なお，残高確認を電磁的記録により実現する試みとして「バランスゲートウェイ」という仕組みが大手監査法人を中心に推進されており，今後は電磁的記録による確認が新しい常識となっていくことでしょう。

⑷　修正仕訳・組替仕訳を反映する

監査上の指摘や経理部門でのチェックの結果，各種の追加仕訳が登録されるケースがあります。具体的には以下の２つです。

- 修正仕訳　勘定科目や金額の間違いを補正するもの，会計基準の解釈と事実関係に基づき追加登録されるもの
- 組替仕訳　帳簿残高から計算書類や財務諸表の金額への組替・集約を行うもの

監査上の指摘による修正仕訳に対しては，経理部門との協議によってその方針が決定されます。多くの場合「見積り」や「予測」が介在するものや「判断基準に幅があるもの」であり，具体的には以下の取引が該当します。

- 繰延税金資産の回収可能性検討に伴う仕訳の追加・変更
- 減損の認識や測定に伴う減損損失の仕訳の追加
- 退職給付債務の見積りの変更に伴う退職給付引当金の修正

これらの取引については，経理部門と監査チームの双方で内容を協議したうえで合意したものを，「修正仕訳」や「組替仕訳」として会計システムに反映します。このような協議の経過および結論についても，デジタルデータで一元的に管理し，その経過を証跡として残す工夫をします。

具体的には以下の作業を進めつつ，修正協議の結果および結論が一覧化されていれば第一段階としては十分です。また，結論に至る背景としてどのような

コミュニケーションが行われたかも合わせて残しておくと監査人との認識合わせに使えます。

- 修正仕訳一覧（およびその明細）を作成する
- 組替仕訳一覧を作成する

また，議論の経過で監査人の見解にブレが生じることも可能性としては考えられるため，協議のなかで経理部門としてどのように方針を表明し議論したのかというのを残しておくのもリスクヘッジの観点からは重要になります。

9 税務申告

図表5-13　税務申告概念図

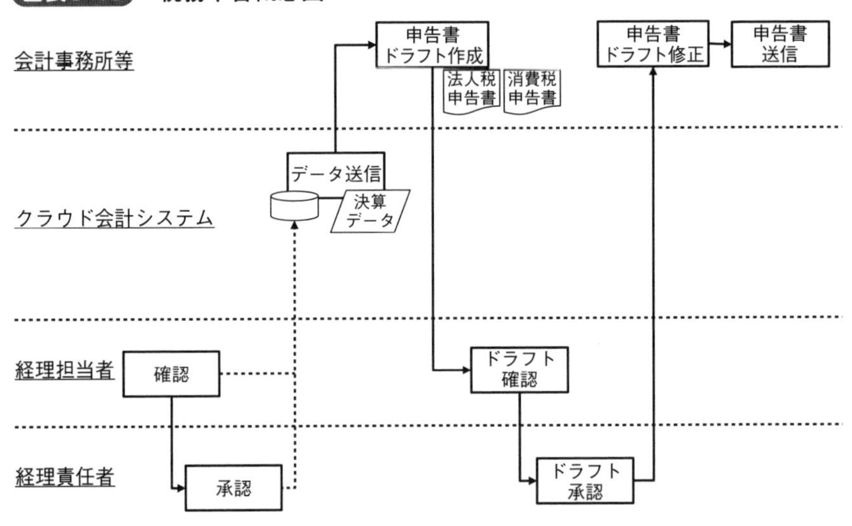

（業務の概要）

- 申告書ドラフトを作成する
- 申告書ドラフトをチェック・最終化する
- 申告書を提出する

(1)　申告書ドラフトを作成，申告書を提出する

決算数値が確定すると，確定した決算書類をもとに税務申告書（法人税・消費税など）を作成します。これは自社で対応する場合と会計事務所に委託して作成する場合とがありますが，自社で作成する場合には決算書等の作成時と同様に，適切な社内分担とドキュメントの一元管理を進めていくことが肝要です。

会計事務所に税務申告の委託を行っている場合は，その基礎書類となる決算書や明細などの情報を１カ所で共有して，適切に連携が図れるような環境を用意します。具体的には税務申告に必要な情報をクラウド・ストレージに明細単位で保存しておくといった方法があります。

会計事務所から税務申告書のドラフトが共有されたら，会社側で内容を確認する手段としてクラウド・ストレージを活用し，修正の依頼や確認をオンラインで行うのが有効です。最終的に確認が完了し，会計事務所側でe-TaxやeLTAXの仕組みを利用して提出（電子送信）を行い，控え情報を会社と共有するといったフローが続きます。ここにおいても資料がデジタル化されていれば，より効率的に業務を完了することが可能です。

従来の税務申告業務は，会社の担当者の確認・代表者の「捺印」や，税理士による「捺印」というフローが入ることで，ボトルネックとなっていました。テレワーク時代においては，このような作業自体を，可能なかぎりデジタル化する工夫をしましょう。内国法人のうち，その事業年度開始の時において資本金の額または出資金の額が１億円を超える法人においては2020年４月１日以後に開始する事業年度（課税期間）から電子申告が義務化されていますが，上場企業の大半がこれに当てはまると期待されるため，物理的に捺印する場面はおそらく激減すると予想されます。会社の側でも税務申告に伴う捺印プロセスを廃止するか電子サイン等に移行することで，より効率的な税務申告プロセスを実現することができるのです。

10 開示書類の作成

図表5-14 開示書類の作成概念図

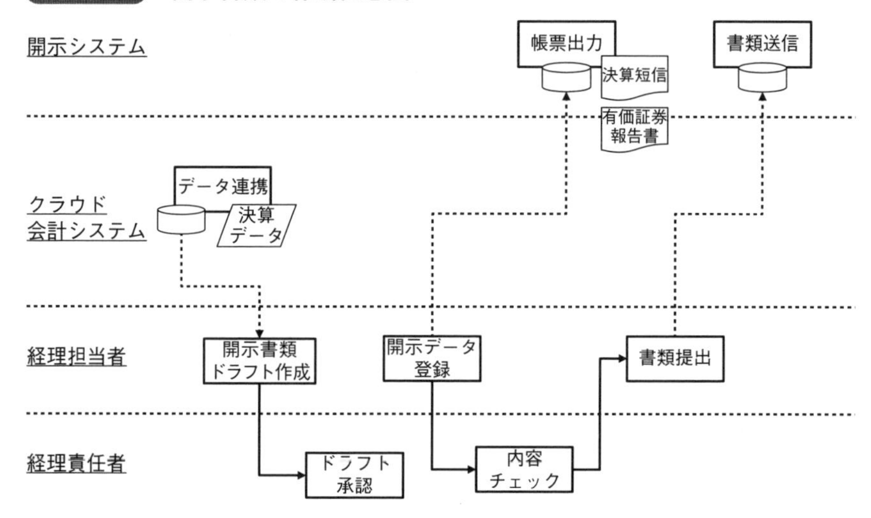

（業務の概要）

- 開示資料のドラフトを作成する
- 開示資料のドラフトをチェック・最終化する

(1) 開示資料のドラフトを作成する

上場企業では，主に投資家や債権者に向けた情報開示を行うために，以下の書類作成が義務づけられています（**図表5－15**）。

これらの開示書類作成とチェックにおいても，ドキュメントの一元管理やコミュニケーションの円滑化といった工夫が有効です。決算数字が確定し監査対応も完了したら，確定した決算数値に基づく各種の開示書類の作成を進めます。さまざまな書類をドラフトし内容確認を進めつつ最終化していく作業が，それぞれ設定された期限のなかで進められていきます。

図表5-15　開示書類の内容

書類名	内容	期限（公開会社の場合）
（連結）計算書類	・会社法の要請に基づき主に債権者向けに作成・公表	・なし ・ただし会計監査人は計算書類または連結計算書類の全部を受領した日から４週間以内に監査報告の内容通知が必要
決算短信および四半期決算短信	・証券取引所の規則に基づき上場企業に開示が義務づけられる ・投資家への決算情報の迅速な開示が目的 ・決算発表においては決算説明資料と合わせて作成・公表	・事業年度の終了後45日以内 ・四半期の終了後45日以内
有価証券報告書および四半期報告書	・金融商品取引法の要請に基づき投資家向けに作成・公表 ・市場の公正化と投資家保護を図るのが目的	・事業年度の終了後３カ月以内 ・四半期の終了後45日以内
株主総会招集通知	・（連結）計算書類の確定情報および監査報告書の内容が株主の閲覧に供される	・株主総会開催日の２週間前に発送

作成されるフォーマットは「Microsoft Word」などの汎用的な文書作成ツールによるものが多いですが，開示書類として提出する段階では専用の開示システムを用いて所定の書式に統一して提出する仕組みを利用します。

テレワークにおいては，このドラフト作成業務を分担し，異なる場所でそれぞれ並行して進めるといった手順になります。この進捗状況を管理することと作成された成果物を統合し１つのドキュメントに集約・最終化していくという作業は，オンサイトでの作業に比べるとスピードが落ちてしまいます。そこで，クラウド・ストレージの利用や密接なコミュニケーションをとる工夫などで解消を図ります。

ドラフト作成段階では，オンライン・ストレージに加えて，オンライン・ドキュメンテーションのツールを活用すると，さらに効率が高まります。たとえば，Googleの提供するオンライン・スプレッドシート「Google スプレッドシート」や文書管理ツール「Google Docs」を使うと，オンライン上でドラフトの文章や表の入力・変更が可能になるため，各自がファイルをそれぞれ更新しそれを統合するという作業を，ひと手間少なく進めることができます。

最終的なレイアウトに確定するときには「オンライン・ドキュメント」を「オフライン・ファイル」に変換し，様式を修正する作業が入りますが，ドラフト作成段階でオンライン作業を前提にしたフローを確立しておくことは，テレワークを実施するかどうかにかかわらず，生産性を高める手段として非常に有効です。また，オンラインのドキュメント管理ツールはコメントの挿入や文書上のコミュニケーションも容易です。オフライン・ファイルに追加・変更が行われた過程を残すこともできるため，非常に便利です。

(2) 開示資料のドラフトをチェック・最終化する

ドラフトが確定したら，最終形を想定したドラフトチェックを進めていきます。各種のチェックリストに基づいて記載内容の確認を行うとともに，「てにをは」の修正やレイアウトのチェックを進めていくことになります。この場合のチェック作業は，「紙」に出力して赤入れをしていくというのが従来のやり方だったわけですが，テレワークではこのような方法がボトルネックとなってしまうため，チェックの作業もオンライン前提で進めましょう。

具体的にはPDFファイルの校正機能を使用して，１つのファイルに対する多方面からの修正を行い，修正の過程を一元管理することを目指します。デジタルデータ上での校正作業は慣れないうちは時間がかかりますが，慣れてくるとスピードはもちろんのこと，その過程をデータ化することもできるなど大きなメリットがあります。テレワーク導入を機に，ドキュメントの校正プロセスもオンライン化を目指していきたいところです。

(3) 新型コロナウイルスへの対応事例（決算と開示）

新型コロナウイルス感染拡大の影響により，2020年３月期決算では多くの企業で決算スケジュールの遅延が発生しました。経理部門においては，決算作業が停滞するケースも多く，原因としては各種資料の収集遅れなどがありました。具体的には**図表５－16**のような影響が出ています。

図表5-16　決算・開示への影響

提出書類・手続	内容	所轄
有価証券報告書 四半期報告書 半期報告書	・やむを得ない理由と認められる場合，所管の財務局長に承認を受けたうえで提出期限の延長が可能	金融庁
臨時報告書	・新型コロナウイルス感染症の影響により臨時報告書の作成自体が行えない事情が解消した後，可及的速やかに提出する	金融庁
適時開示	・感染症の拡大が事業活動や経営成績に与える影響に関して適時・適切な開示を要請する	東京証券取引所
上場廃止要件	・上場廃止基準における改善期間を１年から２年に延長する ・監査意見の「意見不表明」「事業活動の停止」について，新型コロナウイルス感染症の影響による場合は対象外とする	東京証券取引所
定時株主総会の開催（計算書類等の報告）	・開催することができない状況が生じた場合には，その状況が解消された後，合理的な期間内に定時株主総会を開催すれば足りる ・当初予定どおりに定時株主総会が実施できない場合，定時株主総会の開催を延期したうえで，延期後の定時株主総会で報告するか，当初予定した時期に定時株主総会を開催し，続行の決議を求めたうえで計算書類等については再度の招集通知を発することなく「延会」や「継続会」を開催して報告する	法務省 日本公認会計士協会
配当および議決権の基準日	・定時株主総会の実施が遅延した場合は，議決権や配当の基準日を変更する必要性があるが，「継続会」方式による場合は基準日の変更は不要	法務省

2021年３月期決算においては，前年度の状況を踏まえて「経営方針，経営環境及び対処すべき課題等」や「事業等のリスク」の開示の充実が推進されました。金融庁は2020年３月期の有価証券報告書の各社の開示を踏まえて「記述情報の開示の好事例集2020」を公表しており「経営方針，経営環境及び対処すべき課題等」で９社の好事例を挙げています。

『旬刊経理情報』の2021年３月期の有報分析[2]によると，「経営方針，経営環境及び対処すべき課題等」において，本感染症に関連する影響の対処方針または対応策を記載した会社は分析対象会社[3]203社のうち131社に及び，全体の64.5％を占めるという調査結果が出ました。これらの会社のうち「事業計画，中期経営計画等の将来計画に対応を反映した旨」を記載した会社は32社（15.8％）に及び，前年度に比べて具体的な対応策に関する開示の拡充がみられました。

また，有価証券報告書の「事業の状況」の「事業等のリスク」において，経営者が連結会社の経営成績等の状況に重要な影響を与える可能性があると認識している主要なリスクについて，以下の内容を具体的に記載することが求められます。

- 当該リスクが顕在化する可能性の程度や時期
- 当該リスクが顕在化した場合に連結会社の経営成績等の状況に与える影響の内容
- 当該リスクへの対応策

これを受けて，本感染症に関連するリスクを「事業等のリスク」に記載した企業は，前述の『旬刊経理情報』の分析によると，203社中187社（92.1％）に及び，前年度とほぼ同様の社数になっているという調査結果が出ました。記載内容で最も多かったものとして以下が挙げられており，依然として企業の置かれている苦しい状況がうかがえます。

- 操業の中止等の事業の停止リスク
- 受注の減少等を含む市場環境等に及ぼすリスク

⑷　スケジュール変更への対応（プランＢ）

新型コロナウイルス感染拡大のような非常事態は，決算開示のスケジュール

2　兵藤伸考，須賀勇介，清宮悠太，中澤範之，水野貴允「2021年３月期「有報」分析」『旬刊経理情報』2021年９月20日号11頁。

3　2021年４月１日現在，JPX400に採用されている，３月31日決算の日本基準採用会社で，2021年６月30日（法定提出期限）までに有報を提出している会社203社が対象。

を大きく揺るがす事象になります。具体的には先に述べた株主総会開催日の変更や有価証券報告書提出日の変更をはじめ，法人税の申告延長や納付延期といったさまざまな対処が予定されています。

このようにスケジュール遅延が想定される状況ではありますが，当初スケジュールのなかで期限どおりに決算を確定し，株主総会まで完了することを目指すべきであることはいうまでもありません。一方で，相手あっての作業でもあります。決算作業に遅延が発生し，結果として決算の確定が遅れれば，それに引きずられて株主総会の開催もずれてしまう可能性は十分あります。

このような状況においては，当初のスケジュールと合わせて「プランＢ」として遅延が発生した場合に「どのプロセスを対象とするのか」「何日猶予を設けるのか」といったところを WBS（Work Breakdown Structure，作業分解図）を作成して検討しておくと，いざ遅延が発生する状況に陥ったときに慌てずに済みます。

スケジュールに余裕がないなかでこのような対応は大変かもしれませんが，子会社の決算の遅れや決算確定に必要な勘定科目の残高確定が遅れることによって，数日から数週間決算が遅延する可能性があることを考慮し，そのような決算作業に依存する後続のタスク（たとえば税務申告や招集通知の発送，株主総会の開催など）のスケジュールにどのように影響するかを，あらかじめ分析しておきましょう。

また，株主総会会場に株主が訪れることなく，オンラインのみで開催する「バーチャル株主総会」についても，会社法の改正により「株主総会資料の電子提供制度」が整備されるという動きがあります。このような柔軟な対応ができる世の中になっていくことは，より望ましい状況に進んでいるのかもしれません。

この章のまとめ

✓請求

▶捺印・郵送の廃止を前提にフローを設計する

✓支払

▶ネットバンキング認証情報の管理，証憑のデジタル保管

✓給与計算

▶担当者間での密接なコミュニケーションにより作業の滞留を回避する

✓取引登録

▶承認ワークフローを活用し，経理業務を整流化する

✓月次処理

▶作成者と承認者のコミュニケーションを密に行い，作成資料の品質を担保する

✓単体決算

▶決算進捗状況を可視化し，最新の帳簿データを関係者に共有する

▶関連証憑や明細資料の一元管理を徹底する

✓連結決算

▶連結パッケージデータの共有を効率的に行い，手戻りを避ける

▶チャットなどの非同期コミュニケーションを積極的に活用する

✓監査対応

▶リードスケジュールを会社で作成するなど，重複作業の削減に努める

▶数字が更新されたときの周知をリアルタイムに行うことを目指す

▶監査チームとのコミュニケーション履歴を保存して次回以降に役立てる

✓税務申告

▶捺印がボトルネックになりやすいので電子申告を前提としたフローを設計する

✓開示書類の作成

▶クラウド・ストレージやコミュニケーション・ツールを活用し，協働作業で生産性を高める

Column④　テレワークで生産性を落とさないための工夫

テレワークで仕事をするようになると，通勤時間が削減される反面，プライベートから仕事への気持ちの切替えに苦労することが多いようです。そんな場合は，仕事に入る「スイッチ」を入れる儀式として軽い「イベント」を設定することで，思考をクリアしてすんなり仕事モードになることができます。たとえば次のようなイベントは効果的でしょう。

- 仕事開始の前に軽く散歩や運動をする
- コーヒーやお茶を飲む
- 音楽を聴く
- 座って瞑想する

筆者の場合は，仕事に入る前に軽いストレッチ運動を行うことでスイッチが入ります。

また，裁量を持って就業時間を管理しながら仕事を進められるようになることから，際限なく仕事する人も出てきてしまう難しさがあります。上長がうまくコントロールする必要もありますが，本人がいったん集中すると時間を忘れてしまうタイプだとなかなかうまく切り上げるのは難しいようです。こういった場合は，オフィスにいるのと同じようにルーティン化された時間の使い方をすることで，大きくバランスを崩すことなく仕事を続けられます。たとえば次のようなやり方です。

- 開始時刻や終了時刻の目安を決める
- 休憩時間を１時間に１回程度は必ず入れる
- 午前中と午後に軽い運動をする

こう考えてみると，生産性を下げない工夫はオフィスにいる場合とそう変わらないものの，うまく生活の一部にこれらの習慣を組み込んでいくのがテレワーク成功の鍵になりそうです。

第6章 テレワーク導入に伴う内部統制評価のポイント

本章では，テレワーク移行に伴う内部統制評価への影響分析と対応について解説します。内部統制報告制度は上場企業が行う財務報告における内部統制が適切に機能していることを保証する仕組みですが，テレワークの実施によって財務報告プロセスをはじめ，さまざまな業務ルールが運用面で影響を受けます。

1 内部統制報告制度と内部統制評価

内部統制は，法令遵守や資産保全を目的として会社のプロセスに不正や間違いが起きないことを担保する仕組みです。この考え方は業務全般にまつわる適切なコントロールを求めるものですが，特に経理業務に関連する内部統制は「財務報告に係る内部統制」と呼ばれます。

「財務報告に係る内部統制の評価及び監査に関する実施基準」では，内部統制について以下のように定義されています。

「内部統制とは，基本的に，業務の有効性及び効率性，財務報告の信頼性，事業活動に関わる法令等の遵守並びに資産の保全の４つの目的が達成されているとの合理的な保証を得るために，業務に組み込まれ，組織内のすべての者によって遂行されるプロセスをいい，統制環境，リスクの評価と対応，統制活動，情報と伝達，モニタリング（監視活動）及びIT（情報技術）への対応の６つの基本的要素から構成される。」

(1) 内部統制の目的

- 業務の有効性および効率性（事業活動の目的達成のため業務の有効性と効率性を高める）
- 財務報告の信頼性（財務諸表および財務諸表に重要な影響を及ぼす可能性のある情報の信頼性を確保する）
- 事業活動における法令等の遵守（事業活動に関わる法令その他の規範の遵守を促進する）
- 資産の保全（資産の取得・使用・処分が正当な手続および承認の下に行われるよう，資産の保全を図る）

(2) 内部統制の有効性の判断となる構成要素

• 統制環境

組織の気風を決定し，組織内のすべての者の統制に対する影響を与えるとともに，他の基本的要素の基礎をなしそれらに影響を及ぼす基盤です。内部統制の構成要素のなかでは統制環境をいかに整備するかが重要になります。

• リスクの評価と対応

組織目標の達成に影響を与える事象について，阻害する要因をリスクとして識別・分析・評価して適切な対応を行う一連のプロセスをいいます。

• 統制活動

経営者の命令および指示が適切に実行されることを確保するために定める方針および手続をいいます。現場レベルで目にする統制はこの統制活動の一環として運用されるものになります。

• 情報と伝達

必要な情報が識別・把握・処理され，組織内外および関係者相互に正しく伝えられることを確保することをいいます。情報の伝達が適切に行われることで，情報の理解と共有が促進されます。

・モニタリング

内部統制が有効に機能していることを継続的に評価するプロセスをいいます。日常的モニタリングと独立的評価に分かれ，いずれも第三者的な視点から内部統制の整備運用状況を確認します。

・ITへの対応

組織目標を達成するためにあらかじめ適切な方針および手続を定め，それを踏まえて，業務の実施において組織の内外のITに対し適切に対応することをいいます。多くの業務がITによる支援を前提に運用されていることから，適切なIT環境の利用により内部統制の品質をより高めることができます。

これらを図式化すると**図表６－１**のように表現できます。「統制環境」が全体において重要な位置づけとなっていることがわかります。

図表6-1　財務報告に係る内部統制の構成要素

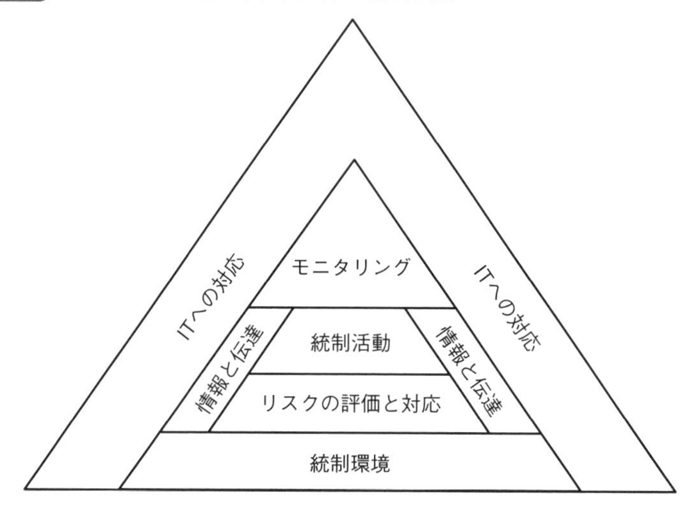

金融商品取引法における内部統制報告制度においては，上場企業に制度設計と定期的な評価を義務づけています。具体的には「事業年度末における財務報告に係る内部統制」の適切な整備運用が求められます。内部統制のうち「財務報告に係る」と限定されている点がポイントです。

それまでは作業成果物としての決算書が正しいことを会社として主張し，監査人の保証も得るという制度でしたが，それに加えて決算書作成にいたるプロセスについても合理的な範囲で正しく機能していることを保証する仕組みとして，この内部統制報告制度が2007年にスタートしました。上場企業はこの制度に基づいて，事業年度末の内部統制の状況について評価結果を取りまとめた「内部統制報告書」を発行します。上場準備企業においても同様に，上場直後から内部統制報告書を作成・発行する義務がありますが，特例により上場後3年間は内部統制報告書に対する外部監査が不要になります。

図表6-2　金融商品取引法における内部統制報告制度の仕組み

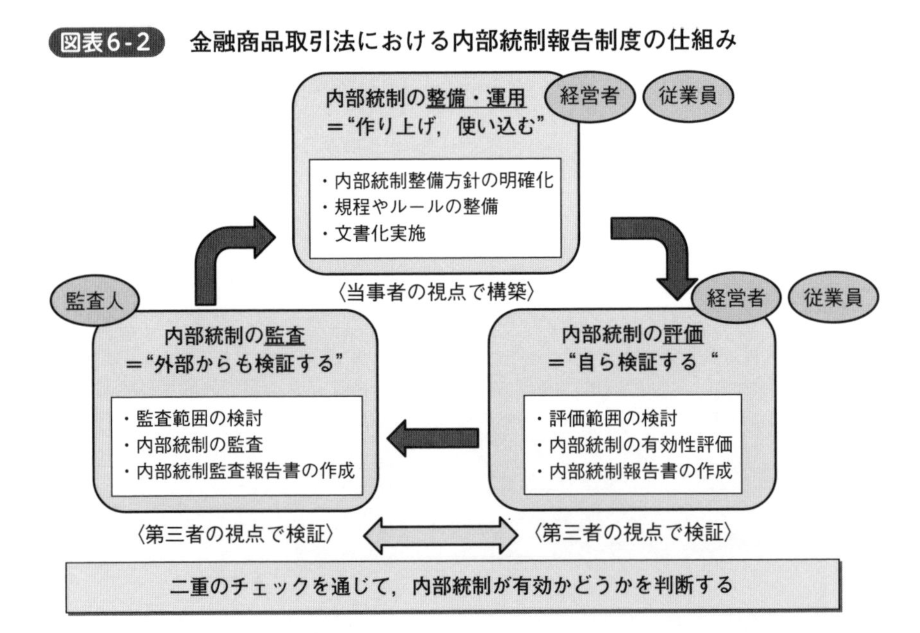

2 内部統制評価におけるテレワークリスクの想定

以下，財務報告に係る内部統制の要素のそれぞれについて，テレワーク導入によって発生する新たなリスク（テレワークリスク）と，リスク対応上の留意点を合わせて解説します。財務報告に係る内部統制の構成要素のうち，大きく分けて以下の項目に対してテレワーク導入による影響があります。

- 全社的な内部統制
- 決算・財務報告プロセスに係る統制
- IT業務処理統制
- IT全般統制

(1) 全社的な内部統制

全社的な内部統制とは，企業集団全体に関わり，連結ベースでの財務報告全体に重要な影響を及ぼす内部統制を指します。テレワークが新たな仕事のスタイルとして広がるなか，連結ベースの財務報告全体に対して適切な牽制が効いているかどうかを，テレワークの諸要素を加味して検討します。

全社的なリスク管理の観点からは，たとえばリスクマネジメント委員会といった会議体によって，リスクの定期的な棚卸と識別およびリスクへの対応の検討を行います。テレワークの導入によって新たなリスクを想定し，定期的にリスク評価を実施し，リスク対応方針の更新を行っていく必要があります。

(2) 決算・財務報告プロセスに係る統制

決算・財務報告プロセスに係る統制は，会計帳簿の作成から決算書の作成に至るまでの一連のプロセスのなかで，相互牽制や不正防止が機能することを会社自らが保証することが求められます。テレワークによって影響を受ける統制上のポイントは以下のとおりです。

- 社外からデータを操作することによって，決算書等会計帳簿のデータが正

しく操作されることが保証されるか

- 場所や時間の制約を問わずデータが更新されることを，会社がモニタリングできるか

統制上の対応としては，作業拠点が分散した状態で作業分担を進めるなかで，会社で作業するのと同じような作業連携を支障なく進められるかどうかという点に留意します。

決算・財務報告プロセスにおける代表的な統制評価項目とテレワークにおける留意点を**図表６－３**に示します。

図表6-3　決算・財務報告プロセスにおける留意点

統制評価項目	テレワークにおける留意点
決算業務に関する職務分掌が適切になされている	テレワークを想定した職務分掌の見直しを行っているか
決算に係る関連文書および電子データを網羅的かつ正確に一元管理することによって，適切に保管する	業務データを社外から追加・変更する場合に変更履歴が正しく保持されるか
決算整理・決算処理事項はすべて適切な権限者により査閲されることが規程・制度として確立している	社外からの承認処理が行われる場合に社内と同等の制約がかけられているか
決算作業（注記情報の作成を含む）の日程（工程表）と各担当者の役割，責任と権限を明確に定め，決算作業の進捗状況を把握し，適切な時期までに適切な決算作業を行う	テレワーク従事者の進捗状況の管理方法や報告手段が明確になっているか
入手した各関係部署からの決算資料は，適切な責任者により承認された最終版であることを保証する手続がある	業務資料の更新履歴が正しく保持されるか
正当な担当者のみ，決算振替伝票の入力が可能であり，その職務は適切に分離されている	社外からの入力が行われた場合も証跡が正しく残されるようになっているか
連結パッケージが，根拠資料から漏れなく正確に転記されていることを，作成担当者以外の者が確認している	連結パッケージおよび根拠資料の提出状況や変更履歴が正しく保持されるか，経理担当者による確認を証跡として残しているか

特に，リモート作業で行われる処理が社内よりも見えにくい状態になっていることに鑑みて，進捗状況や報告のルールが明確になっていること，文書の管理更新履歴がしっかり保持できているかについて重点的に評価します。

(3)　IT業務処理統制

IT業務処理統制とは，業務を管理するITにおいて，承認された業務がすべて適切に処理・記録されることを確保するために業務プロセスに組み込まれた統制のことです。ITによる「正確」「高速」「大量」処理の利点を活用することで，人間が行う統制よりも効率のよい統制を実現できます。IT業務処理統制の具体例を**図表６－４**に示します。

図表6-4　IT業務処理統制の具体例

項目	例
入力管理 入力データの作成から保管等までの情報システムのデータの管理	・入力作業の手順や検証・承認方法の明文化 ・二重入力等の誤り防止 ・正確に入力が行われることの検証 ・正当な承認に基づく入力データの作成
データ管理 データの授受，交換，複製および廃棄に伴う一連の作業の管理	・データの取扱いや管理体制のルール化 ・不正アクセス等防止のためのモニタリング ・重要なマスタファイルの原本データとのマッチング ・データの更新検証
出力管理	・出力手続，承認等のルール ・出力結果の制御，検証 ・誤り防止，不正防止，機密保護の対策 ・保管および廃棄のルール
スプレッドシート等	・承認を受けたスプレッドシート等の利用 ・処理の完全性，正確性，正当性チェック ・バックアップ，安全な保管

(出所：経済産業省「システム管理基準 追補版（財務報告に係るIT統制ガイダンス）」)

テレワークにおいてIT業務処理統制が影響を受ける局面には，システムから自動生成されたデータについて，社外から参照・更新が困難である点，またデータの制約によって業務効率にマイナスの影響が出るという点があります。テレワークによって社内システムにアクセスすることのハードルが上がると，同じ作業をするのにより多くの時間を費やしてしまうことが大きなリスクになります。統制上の対応としては，作業場所を問わず同じ品質のデータをいつでもどこでも操作できる環境を整備することでそうしたリスクを下げ，生産性の維持を図ることが肝要です。

(4) IT全般統制

IT全般統制とは，財務報告を行う際のシステム基盤が安定的に機能を提供しているかどうかに関連する統制のことを指します。IT全般統制の具体例を**図表6－5**に示します。

図表6-5 IT全般統制の具体例

項目	例
システムの開発，保守に係る管理	・ソフトウェアの開発・調達 ・IT基盤の構築 ・変更管理 ・テスト ・開発・保守に関する手続の策定と保守
システムの運用管理	・運用管理 ・構成管理（ソフトウェアとIT基盤の保守） ・データ管理
内外からのアクセス管理などシステムの安全性の確保	・情報セキュリティフレームワーク ・アクセス管理等のセキュリティ対策 ・情報セキュリティインシデントの管理
外部委託に関する契約の管理	・委託先との契約 ・委託先とのサービスレベルの定義と管理

（出所：経済産業省「システム管理基準 追補版（財務報告に係るIT統制ガイダンス）」）

以下，テレワークによって特に影響を受ける項目について解説します。

• IT全般統制（システムの運用管理）

会計システムをはじめとした業務システムが適切に運用されることで，安定した財務報告プロセスが実現されます。テレワークによって運用管理が影響を受ける場面は，想定しない社外のユーザーからのアクセスに対する統制です。また，システム機能が追加されることで，適切な運用手順を経ずにデータが操作されるといったリスクもあります。統制上の対応としては，社内からのデータの操作がすべてにおいてトレースできて，またアクセス状況を適切にモニタリングできるような対応を想定します。機密データに対するアクセスへの適切な制限を行うことで，社外からの作業を行った場合でも業務データに重大なダメージを受けずに済みます。

システムの運用管理における代表的な統制項目とテレワークにおける留意点を**図表６－６**に示します。

図表6-6　IT全般統制（システムの運用管理）における留意点

統制上の目標	テレワークにおける留意点
システム運用規程が遵守され，遵守証跡が作成される	社外からのデータ操作にかかるモニタリングを行う環境が想定されているか
データ管理方針が策定されている	データ管理レベルが定義され，重要度の高いデータについて社外からの利用を適切に制限するルールになっているか
データが適切にバックアップ，保管されている	テレワークでローカルデータを扱う場合にバックアップが適切に行われるか

特にテレワーク環境ではローカルデータを使う局面が増えるため，それらのデータが適切にバックアップされるかどうかが重要なポイントになります。前述のとおり，ローカルデータをなるべく持たせず，重要データはすべてクラウドないしは社内システムのなかで取り回していくという習慣を定着させることで，データの散逸リスクやバックアップに必要なリソースの削減につなげることができます。ここでもクラウド・ストレージの活用が有効な施策になります。

- **IT全般統制（内外からのアクセス管理などのシステムの安全性の確保）**

システムの安全性確保は，テレワークによって適切な権限に基づかないアクセスが行われるリスクに対する統制として整備します。統制上の対応としては，主にネットワーク環境における不正リスクを軽減するものとして，「セキュリティポリシー」「端末アクセス制御」「ネットワークの常時監視」といった各種の監視業務や監視モニタリングのツール導入などが考えられます。

安全性の確保に関する統制評価項目およびテレワークにおける留意点を**図表6－7**に示します。

図表6-7 IT全般統制（システムの安全性の確保）における留意点

統制評価項目	テレワークにおける留意点
情報セキュリティポリシーが策定・承認されている	テレワークを想定したセキュリティポリシーの見直しを行っているか
アプリケーションシステムのアクセス権限を適切に設定し，承認している	テレワーク作業を行う端末のアクセス権限を適切に設定しているか
アプリケーションシステムのアクセス権限は適切に管理し，アクセス状況を管理・監視する	テレワーク作業を行う端末のアクセス権限を監視する仕組みが確立しているか
社内ネットワークの設計・変更に対し適切なセキュリティを導入している	社外からのアクセスを想定したセキュリティの変更を行っているか
外部から社内システムへの不正アクセスを防御するためのセキュリティ管理が存在する	不正アクセスと認証された端末からのアクセスを識別し，不正アクセスを適切に防御できるか
外部ネットワークからのアクセス情報を管理・監視している	認証された端末からのアクセス履歴を適切に保持しているか
ウイルス等によるデータ破壊のリスクを軽減するためにアンチウイルスソフトを導入している	テレワーク作業を行う端末へのウイルス対策を徹底しているか

- **IT全般統制（EUC統制）**

EUC（End User Computing）とは，プログラマーでない従業員がシステムの構築に関わるアプローチで，経理部門の場合はExcelなどのスプレッドシートを用いた業務が代表的なものになります。EUCは処理の自由度が高い一方で，統制をしっかりかけなければ属人化・ブラックボックス化を招きやすいという特徴があります。特に経理業務はチーム作業で行うので，作業用のワークシートをメンバー間で共有しておく必要があります。

こうした作業ファイルの仕様や計算式は，非常に属人的で，ブラックボックス化しやすくなります。テレワークによってこの傾向は加速しやすく，物理的に離れた場所でそれぞれ作業が行われることから，内容をコントロールしにくいという新たなリスクが生まれます。

統制上の対応としては，ファイルの集中管理を目指していきます。具体的には「オンライン・スプレッドシート」という仕組みを利用して，インターネット上でスプレッドシート機能を共有します。場所や時間を問わず，複数メンバーがオンラインでファイル更新作業を行うことができます。近年，普及が目覚ましい「Microsoft 365」や「Google スプレッドシート」などのツールは，複数メンバーによるオンラインでの決算資料の作成や，コメント機能を用いたシート上でのコミュニケーションを可能にします。

EUC統制における統制評価項目と，テレワークにおける留意点を**図表６－８**に示します。

図表6-8　IT全般統制（EUC統制）における留意点

統制評価項目	テレワークにおける留意点
スプレッドシート等を財務情報に利用する場合には，財務情報の完全性，正確性，正当性に関する方針と手続があり，遵守されていること	テレワーク作業により作成された資料についても，左記の方針および手続が同様に適用され，遵守することができるか
作成したスプレッドシートとデータのバックアップを行い，安全に保管すること	テレワークでローカルデータを扱う場合にバックアップが適切に行われるか
スプレッドシート等に完全性，正確性，正当性を検証できる仕組み（検算できる等）が組み込まれているか，もしくは手計算で検算すること	テレワーク作業を行うファイルについて左記の検証が可能になっているか

この章のまとめ

内部統制評価におけるテレワークリスクに対しては以下のように対応する。

✓全社的な内部統制

▶テレワーク導入による新たな業務リスクの識別とリスクレベルの定量化を行う

✓決算・財務報告プロセスに係る統制

▶社外からデータを操作することによって決算書等会計帳簿のデータが正しく操作されることが保証されるか

▶場所や時間の制約を問わずデータが更新されることを会社がモニタリングできるか

✓IT全般統制

▶システムの運用管理においては，社外ユーザーからのアクセス状況の把握と適切なモニタリングの実施を徹底する

▶システムの安全性の確保においては，監視ツールによる定常的なモニタリングが不正リスクを軽減する

▶EUC統制においては，作業ファイルの一元管理を徹底することが必須となる。またオンライン・スプレッドシートの利用はコミュニケーション促進の面でも有効である

第7章 テレワーク対応に向けた規程類の改定

1 なぜテレワーク勤務規程が必要になるのか

本章では，**第３章**で触れた「規程類の見直し」をもう少し掘り下げて，テレワークに対応した規程類文書をどのように改定すればよいかを解説します。また，あわせて主な規程例を挙げて，改定のポイントについても解説します。

本章で対象とする規程類文書は以下の３つです。

- 就業規則およびテレワーク勤務規程
- 経理規程
- 内部監査規程

まず，そもそもなぜ「就業規則」とは別に「テレワーク勤務規程」を定める必要があるのでしょうか。

従来の就業規則は，働き方のスタイルとして，「出社型」を前提としており，もともとテレワークを想定していません。このような状況からテレワークを見据えて組織のルールを変えていく場合，やはり就業規則そのものを大きく変更することが考えられますが，当然のことながら社内への影響が非常に大きくなります。

就業規則を全面的に見直すとなれば，たとえば「改定範囲の検討」「改定内容の検討」「社内承認」「社内への周知」などがあり，組織の規模にもよりますが，おそらく数カ月程度はかかってしまうでしょう。この見直し作業は新たな業務負担にもなります。

そこで，既存の枠組みを大きく損なうことがないように，テレワークに対応したルールを就業規則の「特則」として別に定めることとすれば，大きな業務負担を生じさせることなく，社内規程類のテレワーク対応を行うことが可能になります。

まずはそのような「スモールスタート」のアプローチでテレワーク勤務規程を定め，テレワークが組織に十分に浸透して運用面での課題が解決できた後に，テレワーク・オフィスワークの共存を前提に就業規則そのものを全面改定するといった対応も可能になるでしょう。実際にそのような改定を行い，居住地を問わない「全国どこでも勤務可能」といった働き方を実現している企業も出現しています。

就業規則の改定に係るハードルの高さに応じて，全面的な改定を行うか，「特則」としてテレワーク勤務規程を定めるかを検討しましょう。

2 規程文書の改定ポイント

以下においては，規程文書の規程例をもとに改定内容の詳細なポイントを解説します。なお，規程文書のひな型については，Appendix 2 を参照してください。

(1) テレワーク勤務規程の策定ポイント

まず，この「テレワーク勤務規程」で定めるべき項目について解説します。主な内容は**図表7－1**のとおりです。

図表７－１　テレワーク勤務規程で定めるべき項目

テレワークの定義と範囲	人によってテレワークの解釈にばらつきがないよう，自社で定義を明確にします。
服務規律	テレワークではオフィス勤務と異なる行動が想定されますが，従業員としての言動に不具合が生じないように一定の制限をかける必要があります。
出退勤管理	テレワークにおいては，より自律性のある始業終業時間管理が求められることを踏まえ，会社としてどのようにコントロールするのかを明確にします。たとえば「始業終業時間の把握」「休憩時間の柔軟な設定」など，テレワーク固有の管理方法を設定します。
時間外労働の制限	自律性に委ねる反面，テレワークでは際限なく働くこともできるので会社としては一定の制限を加える必要があります。
通勤費用の扱い	テレワークでは「出社」を前提としなくなることから，通勤交通費を会社として支給するかどうかを明確にします。出社を必要としない完全なテレワークを前提にするならば，通勤費用の支給を全廃することも可能になります。
貸与備品の扱い	PC携帯端末など，会社からの貸与備品についての扱いを明確にします。情報セキュリティポリシーを遵守しつつ，生産性を落とさない工夫をしてうまくバランスをとりたいところです。

・在宅勤務制度の目的

（規程例）

> 第○条　この規程は，○株式会社（以下「会社」という。）の就業規則第○条に基づき，従業員が在宅で勤務する場合の必要な事項について定めたものである。

（ポイント）

まず最初に，就業規則とテレワーク勤務規程の関係を定めます。

・在宅勤務の定義

（規程例）

> 第○条　在宅勤務とは，従業員の自宅，その他自宅に準じる場所（会社指定の場所に限る。）において情報通信機器を利用した業務をいう。

（ポイント）

テレワーク勤務の範囲と形態について記述し，会社の想定するテレワークの前提を定めます。

・在宅勤務の対象者

（規程例）

第○条　在宅勤務の対象者は，就業規則第○条に規定する従業員であって次の各号の条件を全て満たした者とする。
（1）　在宅勤務を希望する者
（2）　自宅の執務環境，セキュリティ環境，家族の理解のいずれも適正と認められる者
2　在宅勤務を希望する者は，所定の許可申請書に必要事項を記入の上，1週間前までに所属長から許可を受けなければならない。
（以下略）

（ポイント）

第1項（2）のように，業務特性や職種によって，テレワークを認める範囲を限定することができます。また，第2項に申請許可に関する定めを置いているように，この例では出社を前提とした規程の作りとなっていますが，会社のポリシーとしてテレワークを容認する場合は，個別申請フローは必要ありません。

・在宅勤務時の服務規律

（規程例）

第○条　在宅勤務に従事する者（以下「在宅勤務者」という。）は就業規則第○条及びセキュリティガイドラインに定めるもののほか，次に定める事項を遵守しなければならない。
（1）　在宅勤務の際に所定の手続に従って持ち出した会社の情報及び作成した成果物を第三者が閲覧，コピー等しないよう最大の注意を払うこと。

（２）　在宅勤務中は業務に専念すること。
（以下略）

（ポイント）
テレワーク勤務時に遵守するべき最低ラインを示すことで，あくまで業務環境が変わるのみであり，会社の定める制約を遵守する必要があることを明らかにします。

・在宅勤務時の労働時間

（規程例）

第○条　在宅勤務時の労働時間については，就業規則第○条の定めるところによる。
２　前項にかかわらず，会社の承認を受けて始業時刻，終業時刻及び休憩時間の変更をすることができる。
３　前項の規定により所定労働時間が短くなる者の給与については，育児介護休業規程第○条に規定する勤務短縮措置時の給与の取扱いに準じる。

（ポイント）
テレワーク勤務特有のルールとして，「時短」「前倒し」「中抜け」など，さまざまな労働時間管理の方法を定めることができます。

・休憩時間

（規程例）

第○条　在宅勤務者の休憩時間については，就業規則第○条の定めるところによる。

（ポイント）
法定休憩時間（勤務時間が１日当たり６時間超８時間以下の場合は少なくとも45分，８時間超の場合は少なくとも60分）を遵守するよう定めます。この規定例ではテレワーク勤務特有の取扱いとはしておらず，出社勤務者と同様の扱いとなります。

・時間外および休日労働等

（規程例）

第○条　在宅勤務者が時間外労働，休日労働及び深夜労働をする場合は所定の手続を経て所属長の許可を受けなければならない。
2　時間外及び休日労働について必要な事項は就業規則第○条の定めるところによる。
3　時間外，休日及び深夜の労働については，給与規程に基づき，時間外勤務手当，休日勤務手当及び深夜勤務手当を支給する。

（ポイント）

テレワーク勤務において慢性的な超過労働や深夜勤務を抑制するため，事前承認を原則とすることが推奨されます。一方，突発的な深夜対応など事前承認が現実的に不可能な場合を想定して事後承認を認めることも可能ですが，その場合は申請から承認までのタイムラグを長くとらないよう留意します。

・業務の開始および終了の報告

（規程例）

第○条　在宅勤務者は就業規則第○条の規定にかかわらず，勤務の開始及び終了について次のいずれかの方法により報告しなければならない。
（1）　電話
（2）　電子メール
（3）　勤怠管理ツール

（ポイント）

テレワークでは就業の開始時刻と終了時刻を目視確認できないため，代替的な確認手段を定めます。報告にあたり，余分な負荷がかからない方法が推奨されます。

・業務報告

（規程例）

第○条　在宅勤務者は，定期的又は必要に応じて，所属長に対し，所要の業務報告をしなくてはならない。

（ポイント）

業務報告の提出は「毎日」が望ましいですが，業務特性に応じて「週次」などに変更することも可能です。

・通勤手当

（規程例）

第○条　在宅勤務者の給与については，就業規則第○条の定めるところによる。
２　前項の規定にかかわらず，在宅勤務（在宅勤務を終日行った場合に限る。）が週に４日以上の場合の通勤手当については，毎月定額の通勤手当は支給せず実際に通勤に要する往復運賃の実費を給与支給日に支給するものとする。

（ポイント）

定常的な通勤が発生しなくなる場合は通勤手当を支給しないよう変更します。

・水道光熱費および通信費用など

（規程例）

第○条　会社が貸与する情報通信機器を利用する場合の通信費は会社負担とする。
２　在宅勤務に伴って発生する水道光熱費は在宅勤務者の負担とする。
３　業務に必要な郵送費，事務用品費，消耗品費その他会社が認めた費用は会社負担とする。
４　その他の費用については在宅勤務者の負担とする。

第○条　在宅勤務者が負担する自宅の水道光熱費及び通信費用（ただし，資料送付に要する郵便代は除く。）のうち業務負担分として毎月月額○○円を支給する。

（ポイント）

勤務者が負担する諸費用については，発生実績や職務による発生傾向を踏まえて負担水準を適切に決めます。

・情報通信機器・ソフトウェア等の貸与等

（規程例）

第○条　会社は，在宅勤務者が業務に必要とするパソコン，プリンタ等の情報通信機器，ソフトウェア及びこれらに類する物を貸与する。なお，当該パソコンに会社の許可を受けずにソフトウェアをインストールしてはならない。

2　会社は，在宅勤務者が所有する機器を利用させることができる。この場合，セキュリティガイドラインを満たした場合に限るものとし，費用については話し合いの上決定するものとする。

（ポイント）

貸与備品の取扱いについてはセキュリティポリシーを遵守しつつ，勤務者に大きく制限を加えすぎないよう留意します。

⑵　経理規程の改定ポイント

次に，「経理規程」のテレワーク対応における改定のポイントを解説します。なお，改定部分を下線部または取消線で示しています。

- 電帳法の改正を踏まえて，課税文書の範囲を再定義します。特に「電子取引」については社内でどの書類を対象とするのかを明確にします。
- 物理的な捺印でなく，電子署名を前提としたルールへの移行を見越して，規程に柔軟さを持たせていきます。
- 「電子取引」によるデータ保存年限を明確にします。重要データを恒久的に保存するのではなく，法的な制限を超えたデータの破棄を義務づける運用も重要なポイントになります。

・証憑（課税文書の範囲）

（規程例）

第○条　第○条に規定する証憑とは，会社の内部または外部で発行される書類で取引の裏付けとなるものをいい，取引の責任者は，当該証憑が正当なものであることを確認しなければならない。
証憑は以下に分類する。
・国税関係帳簿
・国税関係書類
・電子取引に係る電磁的記録

（ポイント）

電帳法の改正に合わせ，証憑書類の分類を再定義します。

・仕訳伝票の発行（電子署名）

（規程例）

第○条　仕訳伝票は，取引の主管部門において発行し，当該部門所定の責任者による承認印を受けなければならない。なお，当該取引について他の部門も関与している場合は，当該関与部門所定の責任者による承認印を受けなければならない。

（ポイント）

承認フローを「捺印」に依存しないよう改定します。

• 帳簿の保存（保存年限）

（規程例）

第○条　帳票および財務諸表などの保存は，経理事務責任者が行い，その保存期間は次のとおりとする。

（中略）

（３）税務申告書類，および決算関係書類（国税関係帳簿）は，永久

（４）総勘定元帳，および補助元帳（国税関係帳簿）は，10年

（５）仕訳伝票，および証憑書類（国税関係書類及び電子取引に係る電磁的記録）は，10年

（以下略）

（ポイント）

電子データによる証憑書類の保存期間を明確にします。

このほか，経理規程のテレワーク対応に向けた改定サンプルと電子帳簿保存法対応事務処理規程（案）との対応については，Appendix 2 を参照してください。

⑶　内部監査規程の改定ポイント

最後に，「内部監査規程」における改定のポイントを解説します。内部監査領域においても，将来的な技術の向上によって現地への往査と遜色なくリモート監査が実施できる可能性が出てくることでしょう。

- リモート監査の実施を前提にします。現地調査による監査証拠の証拠力の確保を極度に軽視することがないようにしつつ，リモートでの実施可能性を検討します。

・監査の方法

（規程例）

第○条　監査は，質問・書面もしくは実地監査，リモート環境を用いた現場の状況確認，またはこれらの併用によって行う。

（ポイント）

リモート環境を用いた現場の状況確認は，スマートフォンやタブレットで現地の様子を撮影する，画面越しに対象物品の状況を目視確認するなどの方法があります。監査証拠の証拠力が必要以上に低下しないよう，必要に応じて物理的な確認を併用します。

・監査計画書の記載事項

（規程例）

第○条　監査計画書には，次の各号の事項を記載するものとする。
（１）監査の区分
（２）監査の種類
（３）監査実施期間
（４）監査日程
（５）監査の方法（対面もしくはオンライン）

（ポイント）

監査対象範囲ごとに，対面もしくはオンラインのいずれかを採用するかを早いタイミングで定義します。被監査部門は監査の方法に対応した資料準備や環境手配を進めます。なお，監査報告書の記載事項を定める場合にも，同様に対応します。

• 監査の方法

（規程例）

第○条　監査は，原則として実地監査もしくはリモート環境を活用した現地状況確認により行う。ただし，状況により被監査部門から提出を受けた書類などの検討・審査による監査方法に代えることができる。

（ポイント）

監査の高い証拠力を確保するうえでは，実地監査を原則とすべきなのはいうまでもありませんが，そのような対応が困難な状況に限定して，代替的な監査の方法を採用できるかどうかを検討します。

この章のまとめ

テレワークに対応した規程類文書の改定を検討する

✓就業規則改定の影響を考慮して，テレワーク勤務規程を「特則」として定める

✓就業規則およびテレワーク勤務規程における改定のポイントは以下のとおりである
- ▶テレワーク勤務に対応する記述を新設し，対応するテレワーク勤務規程にて詳細を定める
- ▶テレワーク勤務規程において，在宅勤務の運用方式を定義して実務に適用しやすくする
- ▶テレワーク固有の労務管理の方法については特に詳細に記述することを目指す
- ▶テレワーク勤務者の待遇や費用負担について固有のルールを定める

✓経理規程における改定のポイントは以下のとおりである
- ▶電子取引データの訂正や削除に関する取扱いを別規程で定義し，経理規程の特則として扱う
- ▶電帳法の改正に合わせた証憑書類の分類や保存期間を明確にする

✓内部監査規程における改定のポイントは以下のとおりである
- ▶リモートでの監査実施を前提に，監査の方法および適用範囲を拡大する

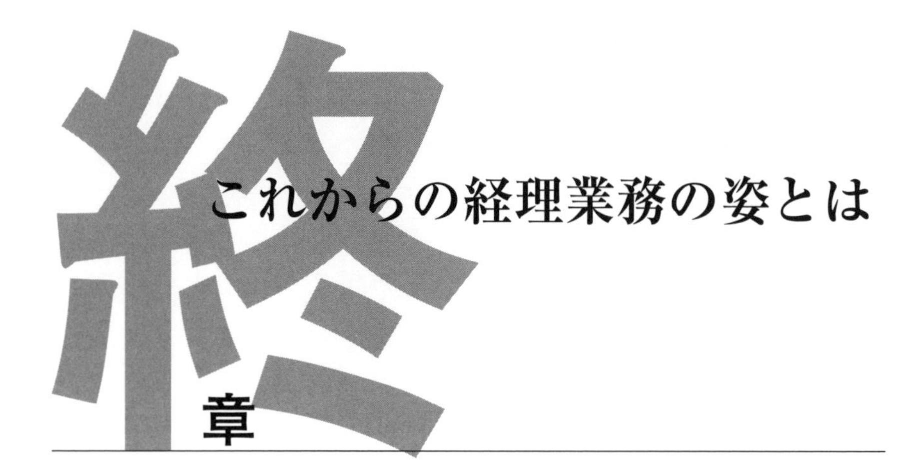

終章 これからの経理業務の姿とは

ここまでの内容を振り返ってみましょう。前章までで以下の内容を解説してきました。

（第１章）

新型コロナウイルスの脅威により働き方のスタイルが見直され，そのなかでテレワークが注目されてきました。「アフターコロナ」の時代においても，生産性向上や事業継続リスクに対応したテレワークの活用ニーズが拡大しています。

（第２章）

日常的なテレワーク環境や非常時の対応のなかで，さまざまなテレワークのスタイルが模索されており，国内外でテレワークをバランスよく取り入れる企業が増えてきました。

（第３章）

導入検討～ITインフラの整備という過程を通じ，テレワーク実施に向けた綿密な準備が必要となる一方で，「まずははじめてみる」という割り切りも大事です。すでに導入済みの企業も，より効率的な運用を継続的に追求しましょう。

（第４章）

テレワークの導入にはさまざまなリスクがありますが，業務データの取扱いには特に慎重に検討する必要があります。

（第５章）

経理の各業務プロセスにおいて，デジタルデータの一元管理と密接なコミュニケーションが肝要です。

（第６章）

内部統制評価において，テレワーク導入により新たに発生するリスクを見積り，合理的な対応方針を検討します。

（第７章）

テレワークに対応した就業規則を改定する，テレワーク勤務規程を新たに定めるといった対応によって，組織のルールをよりテレワークに適した形態にアップデートしていくことが可能です。

緊急事態宣言を受けて，我々の生活は突然非日常に突入しました。結果的に新型コロナウイルス対策がテレワーク推進を後押しする形となり，企業各社が試行錯誤でテレワークの導入検討を行いました。とはいえ，全国的にテレワークが広がったとはいいがたく，ある調査によれば中小企業の64%が「テレワークを許可していない」という結果になっています[1]。政府や自治体の掛け声にもかかわらず，実際の普及状況は芳しくないようです。

短期間でのテレワーク導入による結果，大企業から中小企業までそれぞれに課題が認識されたことでしょう。また一方で，テレワークが導入できなかった企業は結果的に業務の停滞が表面化したのではないでしょうか。テレワークの検討に対するスタンスの違いにより，組織の生産性の違いがはっきり出る結果

1　フリー㈱，テレワークに関するアンケート調査（https://corp.freee.co.jp/news/telework_report-10161.html）

になりつつあります。

さて，新型コロナウイルス感染拡大が仮に収束したとして，世の中が今までの「会社に出社して仕事する」環境に戻るのでしょうか。

おそらく今までのような働き方には戻ることはないと筆者は予想しています。いったんテレワーク環境を体験し，多くの人がその便利さを実感することができました。世の中が平常に戻ったとしても，その便利さを捨て去ることにはならず，むしろテレワークを基本とする仕事の進め方が世の中のスタンダードになっていくのではないでしょうか。

これまでテレワークに挑戦し，最適化を目指した組織はより生産性の高い組織に向かい，「分散」「協働」を前提として実績を上げていき，一方でテレワークに背を向けている企業はいたずらに従業員を疲弊させ，生産性を高められず競争に勝ち残れない時代になっていくでしょう。

ただし，表面的にテレワークを導入するだけで仕事のやり方そのものを見直すことがなければ，いずれは元の「出社型」スタイルに戻り，出社を前提とした業務フローに戻ることでしょう。テレワークは業務設計と組み合わせることで初めて大きな効果を発揮します。

では，経理部門としてどのようにテレワークを活用していくべきなのでしょうか。前述のとおり，経理部門は「データ」を扱う場面が多く，テレワークへの親和性が高いという特性があります。業務プロセスの工夫次第で生産性を下げず，むしろ引き上げることが可能なのです。そのようにすることで，バックオフィス業務を不採算部門ではなく「情報に付加価値をつける仕事」に高めることが可能になり，テレワーク時代にはさらに存在価値が高まっていきます。ただし，そのためには従来のスタイルでなく，リモート環境を前提として経理業務を再設計するというステップに進むことになります。

経理部門にテレワークが定着した結果，仕事の進め方は最終的にどのような状態になるでしょうか。たとえばこのような組織が実現するかもしれません。

- 在宅勤務を原則として，リモートで業務が完結する。
- オフィスの出社は必要最小限となる。ただし従業員間のエンゲージメントを高め，オフィスにいることで価値が出るニーズを満たすためにオフィスの利用は継続する（必要なスペースは少なくなるかもしれない）。
- 在宅勤務を原則とした結果，公共交通機関による通勤の負荷やストレスが緩和される。
- テレワークを前提とした業務フローが確立し，「紙」や「ハンコ」を前提とした業務フローから解放される。
- ストレスの少ない業務で生産性が上がる。

さらに進化した姿として，近い将来にはこんな世の中が実現していくのかもしれません。近年のブロックチェーン・DAO（Decentralized Autonomous Organization，自立分散型組織）・メタバースなど，技術進化のスピードを考えると，あながち夢物語とはいえないように思われます。

- 経理業務担当者がリアルに会社に行く（出社する）ことなく，アバターで出社して実際の業務に携わっていく（オフィスでのリアルな振る舞いをテクノロジーでバーチャルに再現する）
- 会計基準やルールの適用については，AIが膨大な基準情報を検索し，人間が判断するために必要な情報を提示する。人間はAIの支援を受けてより短い時間で業務判断ができるようになる
- 世界中に分散して居住する人々が共同で成果物を仕上げるというワークフローが浸透し，地球レベルの「テレワーク」が当たり前になる
- 経理業務で扱われるデータは内部で閉じていた状態から内外の垣根を越えて世界中で共有される状態になり，必要に応じて世界中の企業と連携して処理が自動化される

このような世界を実現することは一朝一夕には難しいですが，テレワーク対応範囲を段階的に進めていくことでさまざまなリスクに対応し，新たに識別された課題を解決しつつ前に進むことができます。

また「アフターコロナ」の時代は，オフィスワークとテレワークをバランスよく共存させて生産性を維持しつつストレスの少ない就労環境を実現する「ハイブリッドワーク」のスタイルが主流になるでしょう。テレワークはもはや一時的手段・緊急避難対応的な施策ではなく，新しい時代における働き方を定義づけるものととらえるべきではないでしょうか。

研究によると，「テレワーク成熟度モデルの提案」としてテレワークの実施状況に応じた成熟度指標の定義が検討されています（**図表８－１**）。これらを参考に，自社の導入状況の指針を作成していくという方法もあるでしょう[2]。

その一方で，テレワークですべての人が快適な作業環境で仕事ができるわけでもありません。会社のデスクのほうが効率よく仕事ができるという従業員もいるでしょう。テレワークのスタイルは一朝一夕に確立できるものではありません。さまざまなオプションを会社が提示し，多様な働き方のなかでテレワークのメリットを追求していけばよいのです。

テレワークはあなたの会社の将来の成長にもつながります。「ハンコ」「紙」「通勤」に縛られたこれまでの仕事のやり方を変えてみませんか？

2　佐々木康浩「テレワーク成熟度モデルの提案：「ワークスタイル変革」に取り組む日本企業の現状考察」『経営情報学会　全国研究発表要旨集（2015年春季全国研究発表大会）』（https://www.jstage.jst.go.jp/article/jasmin/2015s/0/2015s_237/_pdf/-char/ja）

図表8-1　テレワーク成熟度指標

レベル	意識	制度	ツール	体制	その他
レベルⅤ	社員の家族や取引先にも好影響を与えている	継続的にPDCAが回っている	常に最先端のツールを選定し活用している	活性度に応じて柔軟な体制が組まれている	
レベルⅣ	全社員の意識が高く，前向きである	チームメンバーがどこにいても，業務管理に支障がない	チームメンバーがどこにいても，業務遂行に支障がない	事務局から，テレワークの仕組みを改善する提案が出される	この仕組みがあることで優秀な人材が集まる
レベルⅢ	トップの理解があり，全社で進めようとしている	在宅勤務制度が整っている	オフィス外でも，業務遂行に必要なファイルにアクセスできる	運営事務局がある	失敗しても乗り越えた経験がある
レベルⅡ	一部の有識者が取り組もうとしている	勤務時間を選択できる制度が導入されている	オフィス外でもメールやスケジューラを見られる仕組みがある	運営担当者がいる	取組みをドキュメントとして整理したことがある
レベルⅠ	知識もない	有効な制度が整っていない	オフィスにいないと業務が進まない	ない	

Appendix 1

本書掲載の関連用語の解説

• **BCM（Business Continuity Management, 事業継続マネジメント）**
組織への潜在的な脅威，およびそれが顕在化した場合に引き起こされる可能性がある事業活動への影響を特定し，主要なステークホルダーの利益，組織の評判，ブランド，および価値創造の活動を保護する効果的な対応のための能力を備え，組織のレジリエンスを構築するための枠組みを提供する包括的なマネジメント・プロセスのこと（ISO22301：2012より）。BCPの策定を含めた包括的なマネジメント・プロセスとして，事業継続リスクが顕在化した際の手順策定と運用指針を定める。

• **BCP（Business Continuity Plan, 事業継続計画）**
事業の業務の中断・阻害に対応し，事業を復旧し，再開し，あらかじめ定められたレベルに回復するように組織を導く文書化された手順のこと（ISO22301：2012より）。

• **オンプレミス（On Premises）**
「クライアント／サーバ」など，物理的な筐体が社内にあることを前提としたコンピューティング環境全般のこと。クラウド・コンピューティングが登場するまでは，業務システムはオンプレミス環境で運用するのが普通とされてきた。

• **クラウド・コンピューティング（Cloud Computing）**
クライアントやサーバのリソースがクラウド上に保管されており，利用者は必要に応じてインターネットを介してそれらのリソースを利用する形式。インターネット上の「雲」にたとえて，「クラウド」と呼ばれる。2006年頃から提唱されてきた方式であり，現在においては業務システムの標準になっている。

• クラウド・ストレージ

インターネット上に展開された，社内ファイルサーバのように使えるストレージサービスのこと。ウェブブラウザから操作し，PC内のデータを操作するのと近い感覚で各種ファイルを処理することができる。ストレージサービスは仮想化された物理ハードウェアで構成されており，実際のデータは複数の物理ストレージに分散して保存される。クラウド・ストレージのセキュリティレベルはベンダーの提供する品質に依存するため，ユーザーが設定できる範囲は限られる。

• ファットクライアントとシンクライアント

ファットクライアント（Fat Client）とは，ノートブックPCなど，ローカルデータを保管できるクライアント環境のこと。データはローカルおよびサーバの両方に保存される。シンクライアント（Thin Client）とは，端末にデータの保存ができない特殊仕様のクライアント環境のこと。データはサーバのみに保存される。端末コストはシンクライアントのほうが安くなることが多い。

• VPN（Virtual Private Network）

通信事業者のネットワークやインターネットのような公衆ネットワークで構築される，仮想的な専用ネットワークの総称のこと。業務データのように機密性・秘匿性の高いものについては公衆ネットワークを流通する際に不特定多数によるアクセスを許すべきではないため，このような専用ネットワーク環境を確保する。

• 認証トークン

IDやパスワードに加えて，利用者が本人であることを証明するために使うハードウェアやソフトウェアの総称。本人のみが利用できる端末やアプリから発行される番号をサービスに入力することで，本人認証を厳格に実現する。ネットバンキングで利用する物理トークンやスマートフォンアプリが代表的である。

- **連結パッケージ**

連結決算処理で使われるグループ会社の決算書データを収集するファイルの総称。スプレッドシートのほか，専用ソフトのモジュールとして提供されることもある。財務諸表本表のほか，明細情報として取引先別内訳などをグループ会社側で作成して親会社に提出する。

- **リードスケジュール**

監査実務において利用される，勘定科目別の残高内訳および前期比較をまとめた資料のこと。最初に勘定科目別のリードスケジュールを作成し，前年度との比較を中心とした分析的手続を行ってより詳細に検証するべき取引を特定する。

Appendix 2

就業規則のテレワーク対応に向けた改定サンプル・テレワーク勤務規程の対応表

新	旧
	就業規則 （目　的） 第○条　株式会社○○（以下「会社」という。）の従業員の労働条件，服務規律その他就業に関する事項は，法令および労働協約に定められるもののほか，この就業規則（以下「規則」という。）の定めるところによる。 （適用範囲） 第○条　この規則は，正規従業員に適用する。 2　パートタイマーまたは臨時従業員の就業に関し必要な事項は，別に定める。
従業員のテレワーク勤務に関する事項については，この規則に定めるもののほか別に定めるところによる。	（新設）
	（服務上の心得） 第○条　従業員は，この規則および○○行動基準その他会社規則等を遵守し，職制により定められた所属長の指示に従い，互いに協力し，誠実にその職務を遂行しなければならない。 （遵守事項） 第○条　従業員は，次の事項を守り，社内秩序の維持と業務の円滑な運営に努めなければならない。

テレワーク勤務規程の記載例	備考・補足説明
(在宅勤務制度の目的) 第1条　この規程は，○○株式会社（以下「会社」という。）の就業規則第○条に基づき，従業員が在宅で勤務する場合の必要な事項について定めたものである。	就業規則とテレワーク勤務規程の関係を定めます。
(在宅勤務の定義) 第2条　在宅勤務とは，従業員の自宅，その他自宅に準じる場所（会社指定の場所に限る。）において情報通信機器を利用した業務をいう。	テレワーク勤務の範囲と形態について記述し，会社の想定するテレワークの前提を定めます。
(在宅勤務の対象者) 第3条　在宅勤務の対象者は，就業規則第○条に 規定する従業員であって次の各号の条件を全て満たした者とする。 (1)　在宅勤務を希望する者 (2)　自宅の執務環境，セキュリティ環境，家族の理解のいずれも適正と認められる者 2　在宅勤務を希望する者は，所定の許可申請書に必要事項を記入の上，1週間前までに所属長から許可を受けなければならない。 3　会社は，業務上その他の事由により，前項による在宅勤務の許可を取り消すことがある。 4　第2項により在宅勤務の許可を受けた者が在宅勤務を行う場合は，前日までに所属長へ利用を届け出ること。	業務特性や職種によって，テレワークを認める範囲を限定することができます。会社のポリシーとしてテレワークを容認する場合は，個別申請フローは必要ありません。

新	旧
	・会社の方針，諸規則および業務上の指示命令を厳守すること。 ～省略～ ・その他会社の従業員としてふさわしくない行為を行わないこと。
テレワーク勤務者の服務規律については，前項各号に定めるもののほか別に定めるテレワーク勤務規程で定める服務規律による。	（新設）
	（出勤・退勤） 第○条　従業員は，出勤，退勤の際は，出退勤時刻をタイムカードに自ら記録しなければならない。 2　前項の手続を怠った者は，当日欠勤したものとする。
前項にかかわらず，テレワーク勤務者はテレワーク勤務規程に定める方法により，勤務の開始及び終了の報告並びに業務報告を行わなければならない。	（新設）
	（勤務時間） 第○条　会社の勤務時間は１日○時間○分とし，これを実働時間○時間○分，休憩時間１時間にわけ，始業・終業時刻は，原則として次のとおりとする。 始　業　　午前○時○分 終　業　　午後○時○分

テレワーク勤務規程の記載例	備考・補足説明
(在宅勤務時の服務規律) 第4条　在宅勤務に従事する者（以下「在宅勤務者」という。）は就業規則第○条及びセキュリティガイドラインに定めるもののほか，次に定める事項を遵守しなければならない。 (1)　在宅勤務の際に所定の手続に従って持ち出した会社の情報及び作成した成果物を第三者が閲覧，コピー等しないよう最大の注意を払うこと。 (2)　在宅勤務中は業務に専念すること。 (3)　第1号に定める情報及び成果物は紛失，毀損しないように丁寧に取り扱い，セキュリティガイドラインに準じた確実な方法で保管管理しなければならないこと。 (4)　在宅勤務中は自宅以外の場所で業務を行ってはならないこと。 (5)　在宅勤務の実施に当たっては，会社情報の取扱いに関し，セキュリティガイドライン及び関連規程類を遵守すること。	テレワーク勤務時に遵守するべき最低ラインを示すことで，あくまで業務環境が変わるのみであり，会社の定める制約を遵守する必要があることを明らかにします。
(業務の開始及び終了の報告) 第10条　在宅勤務者は就業規則第○条の規定にかかわらず，勤務の開始及び終了について次のいずれかの方法により報告しなければならない。 (1)　電話 (2)　電子メール (3)　勤怠管理ツール	テレワークでは就業の開始時刻と終了時刻を目視確認できないため，代替的な確認手段を定めます。報告にあたり，余分な負荷がかからない方法が推奨されます。
(業務報告) 第11条　在宅勤務者は，定期的又は必要に応じて，所属長に対し，所要の業務報告をしなくてはならない。	業務報告の提出は「毎日」が望ましいですが，業務特性に応じて「週次」などに変更することも可能です。

新	旧
	2　前項の規定にかかわらず，会社は，業務上の都合により必要がある場合は，1カ月以内または1年以内の期間を平均し，1週の実働時間が40時間を超えない範囲内において1日の勤務時間を変更することがある。この場合の期間，期間の起算日および各日の勤務時間その他の取扱いについては，組合との協定に基づいて別に定める。
テレワーク勤務者の労働時間及び休憩時間については，別に定めるテレワーク勤務規程による。	（新設）
	（休憩時間） 第○条　休憩時間は1日につき1時間とし，正午から午後1時までとする。 2　休憩時間は，原則として一斉に与えるものとする。ただし，一斉の休憩が業務上支障あるときは，組合との協定に基づいて，作業グループその他に区分して，それぞれに休憩時間を設けることができる。
	（新設）
	（時間外・深夜勤務） 第○条　業務上の都合によりやむを得ない場合，組合との協定により第○条の勤務時間を超えて勤務させ，または深夜（午後10時から午前5時まで）勤務をさせることがある。 2　前項により時間外勤務をさせる場合には，その超過時間は組合との協定に基づき1日○時間，1週○時間を超えないものとする。 （時間外および深夜勤務の制限） 第○条　満18歳未満の者については時間外勤務または深夜（午後10時から午前5時まで）勤務をさせない。妊娠中および出産後1年を経過しない女性従業員が勤務したときも同様とする。
テレワーク勤務者の時間外・休日及び深夜における労働については，別に定めるテレワーク勤務規程による。	（新設）

テレワーク勤務規程の記載例	備考・補足説明
（在宅勤務時の労働時間） 第5条　在宅勤務時の労働時間については，就業規則第○条の定めるところによる。 2　前項にかかわらず，会社の承認を受けて始業時刻，終業時刻及び休憩時間の変更をすることができる。 3　前項の規定により所定労働時間が短くなる者の給与については，育児介護休業規程第○条に規定する勤務短縮措置時の給与の取扱いに準じる。	テレワーク勤務特有のルールとして，「時短」「前倒し」「中抜け」などさまざまな労働時間管理の方法を定めることができます。
（休憩時間） 第6条　在宅勤務者の休憩時間については，就業規則第○条の定めるところによる。	法定休憩時間（勤務時間が1日当たり6時間超8時間以下の場合は少なくとも45分，8時間超の場合は少なくとも60分）を遵守するよう定めます。
（時間外及び休日労働等） 第8条　在宅勤務者が時間外労働，休日労働及び深夜労働をする場合は所定の手続を経て所属長の許可を受けなければならない。 2　時間外及び休日労働について必要な事項は就業規則第○条の定めるところによる。 3　時間外，休日及び深夜の労働については，給与規程に基づき，時間外勤務手当，休日勤務手当及び深夜勤務手当を支給する。	テレワーク勤務において慢性的な超過労働や深夜勤務を抑制するため，事前承認を原則とすることが推奨されます。一方，突発的な深夜対応など事前承認が現実

新	旧
	（休　日） 第○条　従業員の休日は，次のとおりとする。 (1)　日曜日 (2)　土曜日 (3)　国民の祝日 (4)　年末年始 (5)　会社が指定する一定期間における連続する○日間
テレワーク勤務者の休日については，別に定めるテレワーク勤務規程による。	（新設）
	（給与の種類） 第○条　従業員の給与の構成は次のとおりとする。 (1)　基本給 (2)　業績給 (3)　管理職手当 (4)　特別手当 (5)　資格手当 (6)　住宅手当 (7)　精皆勤手当 (8)　日直・宿直手当 (9)　時間外勤務手当 (10)　休日勤務手当 (11)　通勤手当
テレワーク勤務者の給与については，別に定めるテレワーク勤務規程による。	（新設）
	（非常時の支払） 第○条　前条の規定にかかわらず，従業員が，次の各号のいずれかに該当し，本人から申し出があった場合は，既往の労働に対する金額を支給する。

テレワーク勤務規程の記載例	備考・補足説明
	的に不可能な場合を想定して事後承認を認めることも可能ですが，その場合は申請から承認までのタイムラグを長くとらないよう留意します。
（所定休日） 第７条　在宅勤務者の休日については，就業規則第○条の定めるところによる。	
（給与） 第13条　在宅勤務者の給与については，就業規則第○条の定めるところによる。 ２　前項の規定にかかわらず，在宅勤務（在宅勤務を終日行った場合に限る。）が週に４日以上の場合の通勤手当については，毎月定額の通勤手当は支給せず実際に通勤に要する往復運賃の実費を給与支給日に支給するものとする。	定常的な通勤が発生しなくなる場合は通勤手当を支給しないよう変更します。
第14条の２　在宅勤務者が負担する自宅の水道光熱費及び通信費用（ただし，資料送付に要する郵便代は除く。）のうち業務負担分として毎月月額○○円を支給する。	勤務者が負担する諸費用については，発生実績や職務による発生傾向を踏まえて負担水準を適切に決めます。

新	旧
	(1) 本人およびその家族の結婚，出産，葬儀，傷病および天災その他の災厄等の費用を要するとき (2) やむを得ない事由により帰郷するとき (3) その他会社がやむを得ない事情と認めたとき

テレワーク勤務規程の記載例	備考・補足説明
(費用の負担) 第14条　会社が貸与する情報通信機器を利用する場合の通信費は会社負担とする。 2　在宅勤務に伴って発生する水道光熱費は在宅勤務者の負担とする。 3　業務に必要な郵送費，事務用品費，消耗品費その他会社が認めた費用は会社負担とする。 4　その他の費用については在宅勤務者の負担とする。	
(情報通信機器・ソフトウェア等の貸与等) 第15条　会社は，在宅勤務者が業務に必要とするパソコン，プリンタ等の情報通信機器，ソフトウェア及びこれらに類する物を貸与する。なお，当該パソコンに会社の許可を受けずにソフトウェアをインストールしてはならない。 2　会社は，在宅勤務者が所有する機器を利用させることができる。この場合，セキュリティガイドラインを満たした場合に限るものとし，費用については話し合いの上決定するものとする。	貸与備品の取扱いについてはセキュリティポリシーを遵守しつつ，勤務者に大きく制限を加えすぎないよう留意します。

経理規程のテレワーク対応に向けた改定サンプル・電子帳簿保存法対応事務処

新	旧
	(目　的) 第１条　この規程は，会社におけるすべての会計諸取引を正確かつ迅速に処理し，会社の財政状態および経営成績に関し，真実かつ明瞭な報告を提供するとともに，経理を経営の合理化のために役立たせ，さらに外部監査および内部監査にあたっての基準とすることを目的とする。 (内　容) 第２条　この規程は,「職務権限規程」および「職務分掌規程」のうち，経理にかかわる組織，職務分掌および権限を具体的に示し，かつ，経理処理手続の基本的事項を定めたものである。 (適　用) 第３条　会社の経理業務は，この規程の定めるところによる。ただし，この規程に定めのない事項については，企業会計原則および関係諸法令などの会計諸規則によらなければならない。 ２　この規程中，各条項の細部の取扱いについては，必要に応じて別に「細則」を設けることができる。 (健全な内部統制組織の確立) 第４条　会計記録の正確性および信頼性を確保して，経理に関する不正，誤謬などを防止するため，職務を適切に分割し，業務を相互に検閲することによる牽制制度を確立しなければならない。 (会計年度) 第５条　定款の定める会社の事業年度を会計年度とし，毎年４月１日から翌年３月31日までとする。 ２　前項のうち，４月１日から９月30日までを中間会計期間とする。 (会計単位) 第６条　会計単位は，次のとおりとする。 (1) 本　　社 (2) 支　　社 (3) 工　　場 ２　各会計単位の総括は，本社において行う。

理規程（案）の対応表

電子取引データの訂正及び削除の防止に関する事務処理規程(案)	備考・補足説明
（目的） 第１条　この規程は，電子計算機を使用して作成する国税関係帳簿書類の保存方法の特例に関する法律第７条に定められた電子取引の取引情報に係る電磁的記録の保存義務を履行するため，○○において行った電子取引の取引情報に係る電磁的記録を適正に保存するために必要な事項を定め，これに基づき保存することを目的とする。	電帳法の改正に対応するためという目的を明確にします。
（適用範囲） 第２条　この規程は，○○の全ての役員及び従業員（契約社員，パートタイマー及び派遣社員を含む。以下同じ。）に対して適用する。	事務処理規程の適用範囲は原則としてすべての従業員ですが，セキュリティの要請が高くテレワークが馴染まない性質の業務に対しては例外的に適用対象外とするケースがあります。

新	旧
	(経理業務の範囲) 第７条　経理業務の範囲は，次のとおりとする。 (1)　金銭の出納保管ならびに手形および有価証券に関する事項 (2)　債権および債務に関する事項 (3)　資金の調達および運用に関する事項 (4)　棚卸資産に関する事項 (5)　固定資産に関する事項 (6)　原価計算に関する事項 (7)　予算および決算に関する事項 (8)　税務に関する事項 (9)　勘定・帳票および財務諸表に関する事項 (10)　その他，経理に関する事項 (経理責任者) 第８条　各会計単位における経理責任者は，本社経理部長，支社管理部長，工場管理部長とし，管理本部長は経理責任者を統轄する。 ２　経理責任者は，経理業務を統轄するとともに，各部門と緊密に連携し，社長を積極的に補佐しなければならない。 (経理事務責任者) 第９条　各会計単位における経理事務責任者は，本社経理課長，支社管理課長，工場管理課長とする。 ２　経理事務責任者は，経理業務を遂行するため必要な諸般の事務を担当し，経理責任者を積極的に補佐する。 (機密保持) 第10条　経理担当者は，業務上知り得た経理および営業に関する秘密を他に漏らし，または勝手に利用してはならない。 (正規の簿記の原則) 第11条　会社におけるすべての会計諸取引は，その発生を証する「証憑」に基づき，会計帳簿に秩序整然と整理・集計・記録しなければならない。 (検　閲) 第12条　経理責任者は，すべての帳票が証憑を基礎とし，正規の簿記原則に従って処理されていることを確かめなければならない。

電子取引データの訂正及び削除の防止に関する事務処理規程(案)	備考・補足説明
	極力出社しなくて済むよう，小口現金の取扱い廃止も検討しましょう。
(管理責任者) 第３条　この規程の管理責任者は，○○とする。	

新	旧
第13条　第11条に規定する証憑とは，会社の内部または外部で発行される書類で取引の裏付けとなるものをいい，取引の責任者は，当該証憑が正当なものであることを確認しなければならない。 証憑は以下に分類する。 ・国税関係帳簿 ・国税関係書類 ・電子取引に係る電磁的記録	（証　憑） 第13条　第11条に規定する証憑とは，会社の内部または外部で発行される書類で取引の裏付けとなるものをいい，取引の責任者は，当該証憑が正当なものであることを確認しなければならない。
	（勘定体系） 第14条　会社の勘定体系およびその整理要領は，「勘定科目処理マニュアル」においてこれを定める。 （伝票・帳票の種類） 第15条　取引の記録整理は，すべて仕訳伝票（会計伝票）および会計帳簿により行わなければならない。 2　仕訳伝票は，取引にかかわる原始記録となるものであり，振替伝票を使用する。 3　会計帳簿は，総勘定元帳と補助元帳により構成する。 (1)　総勘定元帳は，すべての取引を記録する帳簿である。 (2)　補助元帳は，総勘定元帳の各勘定の残高または取引の詳細を記録するため，仕訳伝票もしくは証憑を基礎として記帳される帳簿である。
第16条　仕訳伝票は，取引の主管部門において発行し，当該部門所定の責任者による承認を受けなければならない。なお，当該取引について他の部門も関与している場合は，当該関与部門所定の責任者による承認を受けなければならない。	（仕訳伝票の発行） 第16条　仕訳伝票は，取引の主管部門において発行し，当該部門所定の責任者による承認印を受けなければならない。なお，当該取引について他の部門も関与している場合は，当該関与部門所定の責任者による承認印を受けなければならない。
	2　仕訳伝票には，その発行の基礎となった証憑を添付しなければならない。 （帳簿の締切・更新） 第17条　会計帳簿は，原則として毎月次に締め切り，年度ごとに更新することとし，必要ある場合は継続して記帳を行うことができる。

電子取引データの訂正及び削除の防止に関する事務処理規程(案)	備考・補足説明
	電帳法の改正に合わせ，証憑書類の分類を再定義します。
	承認フローを「捺印」に依存しないよう改定します。

新	旧
第18条　帳票および財務諸表などの保存は，経理事務責任者が行い，その保存期間は次のとおりとする。 ⑴　会社法の規定に基づく計算書類，およびその附属明細書は，永久 ⑵　金融商品取引法の規定に基づく報告書，およびその添付資料は，永久 ⑶　税務申告書類，および決算関係書類（国税関係帳簿）は，永久 ⑷　総勘定元帳，および補助元帳（国税関係帳簿）は，10年 ⑸　仕訳伝票，および証憑書類（国税関係書類及び電子取引に係る電磁的記録）は，10年 ⑹　予算書は，10年	（保　存） 第18条　帳票および財務諸表などの保存は，経理事務責任者が行い，その保存期間は次のとおりとする。 ⑴　会社法の規定に基づく計算書類，およびその附属明細書は，永久 ⑵　金融商品取引法の規定に基づく報告書，およびその添付資料は，永久 ⑶　税務申告書類，および決算関係書類は，永久 ⑷　総勘定元帳，および補助元帳は，10年 ⑸　仕訳伝票，および証憑書類は，10年 ⑹　予算書は，10年 2　前項⑷から⑹の保存期間は，当該書類の属する事業年度末日の翌日から起算する。
帳簿の保存に関する事項については，この規則に定めるもののほか別に定める「電子取引データの訂正及び削除の防止に関する事務処理規程」による。	（新設）

電子取引データの訂正及び削除の防止に関する事務処理規程(案)	備考・補足説明
	電子データによる証憑書類の保存期間を明確にします。
(電子取引の範囲) 第4条　当社における電子取引の範囲は以下に掲げる取引とする。 一　EDI取引 二　電子メールを利用した請求書等の授受 三　クラウドサービスを利用した請求書等の授受	
(取引データの保存) 第5条　取引先から受領した取引関係情報及び取引相手に提供した取引関係情報のうち，第6条に定めるデータについては，保存サーバ内にXX年間保存する。	
(対象となるデータ) 第6条　保存する取引関係情報は以下のとおりとする。 一　見積依頼情報 二　見積回答情報 三　確定注文情報 四　注文請け情報 五　納品情報 六　支払情報	
(運用体制) 第7条　保存する取引関係情報の管理責任者及び処理責任者は以下のとおりとする。 一　管理責任者　○○部△△課　課長　XXXX 二　処理責任者　○○部△△課　係長　XXXX	
(訂正削除の原則禁止) 第8条　保存する取引関係情報の内容について，訂正及び削除をすることは原則禁止とする。	訂正削除を原則禁止とする仕組みは会計システムの機

新	旧

電子取引データの訂正及び削除の防止に関する事務処理規程(案)	備考・補足説明
(訂正削除を行う場合) 第９条　業務処理上やむを得ない理由によって保存する取引関係情報を訂正または削除する場合は，処理責任者は「取引情報訂正・削除申請書」に以下の内容を記載の上，管理責任者へ提出すること。 一　申請日 二　取引伝票番号 三　取引件名 四　取引先名 五　訂正・削除日付 六　訂正・削除内容 七　訂正・削除理由 八　処理担当者名 ２　管理責任者は，「取引情報訂正・削除申請書」の提出を受けた場合は，正当な理由があると認める場合のみ承認する。 ３　管理責任者は，前項において承認した場合は，処理責任者に対して取引関係情報の訂正及び削除を指示する。 ４　処理責任者は，取引関係情報の訂正及び削除を行った場合は，当該取引関係情報に訂正・削除履歴がある旨の情報を付すとともに「取引情報訂正・削除完了報告書」を作成し，当該報告書を管理責任者に提出する。 ５　「取引情報訂正・削除申請書」及び「取引情報訂正・削除完了報告書」は，事後に訂正・削除履歴の確認作業が行えるよう整然とした形で，訂正・削除の対象となった取引データの保存期間が満了するまで保存する。	能として提供されることが望ましい姿になります。 訂正削除のフローを明確にすることで，原則禁止のポリシーを徹底することを意図します。

内部監査規程のテレワーク対応に向けた改定サンプル

新	旧
	内部監査規程 （目　的） 第１条　この規程は，当社における内部監査に関する基本的事項を定め，内部監査の運営を円滑に行うとともに，経営の合理化・効率化および業務の適正な遂行を図ることを目的とする。 （監査の種類） 第２条　内部監査の区分とその対象は，次のとおりとする。 ⑴　会計監査 　会計監査は，貸借対照表，損益計算書，株主資本金変動計算書，個別注記表，附属明細書およびその他の附属諸表の記載内容と記録計算が，経理諸規程に準拠して適正に行われているか否かを判断する。 ⑵　業務監査 　業務監査は，会計・財務・購買・生産・販売・倉庫・人事・設備・研究開発・環境保全などの業務および制度（機構・規程・権限・業務分掌）の運用状況が，経営の経済性を発揮するうえで適正かつ妥当であるか否かを吟味するとともに，計数的に把握し得る経営活動の成果について，効率増進の観点からその経済性を検討する。 ２　監査は，原則として，本部・技術センター・社長室・事業本部・事業部・支店ごとに実施する。 （監査組織） 第３条　内部監査（以下「監査」という。）に関する業務は，監査室がこれを担当する。 ２　監査責任者は，監査室長とし，監査室長は社長の許可を得て，必要に応じ，監査担当者を任命し委嘱することができる。ただし，監査の種類によっては社長が別に指名する監査担当者をして，これを実施させることがある。 （監査責任者および監査担当者の任務） 第４条　監査室長は社長の命を受け，監査を統轄し，各監査担当者の監査分担を定める。 ２　監査担当者は，監査室長の命を受け，分担して監査を実施する。

新	旧
	（監査の区分および時期） 第５条　監査は，定期監査と臨時監査とに区分して行う。 ⑴　定期監査は，原則として，あらかじめ定められた監査計画に基づき継続的に行う監査をいう。 ⑵　臨時監査は，社長から特に命ぜられた事項など，不定期に行う監査をいう。
	（監査の方法）
第６条　監査は，質問・書面もしくは実地監査，リモート環境を用いた現場の状況確認，またはこれらの併用によって行う。	第６条　監査は，質問・書面もしくは実地監査，またはこれらの併用によって行う。
リモート環境を用いた現場の状況確認は，スマートフォンやタブレットで現地の様子を撮影する，画面越しに対象物品の状況を目視確認するなどの方法があります。監査証拠の証拠力が必要以上に低下しないよう，必要に応じて物理的な確認を併用します。	（監査責任者および監査担当者の権限） 第７条　監査責任者および監査担当者の権限は，次のとおりとする。 ⑴　監査責任者および監査担当者は，被監査部門の関係者に対し，帳票および諸資料の提出，または事実の説明その他監査実施上必要な要求を行うことができる。 ⑵　監査責任者および監査担当者は，必要により被監査部門の関係者以外の関係者に対し，実査・立会い・確認および報告を求めることができる。 ⑶　前二号の要求を受けた者は，正当な理由なくしてこれを拒否し，または虚偽の回答をしてはならない。 ⑷　監査責任者および監査担当者は，監査の遂行上必要と認めた場合に限り，経営活動に関する会議への出席または議事録の閲覧を求めることができる。
	（監査責任者および監査担当者の責任） 第８条　監査責任者および監査担当者は，次の事項を遵守しなければならない。 ⑴　つねに会社利益の増進を図ることを主眼とし，あらゆる観点から事実を客観的に調査・検討し，その評定にあたっては公正不偏の態度で臨まなければならない。 ⑵　不正，誤びゅうの摘発にあたるだけでなく，問題解決の改善策を提案するよう心掛けなければならない。 ⑶　職務の遂行上知り得た会社の機密を，上司ならびに監査関係者以外に漏えいしてはならない。

新	旧
	(4) 被監査部門に対し，直接，指揮・命令をしてはならない。
	(5) 監査の実施および調書や報告書の作成については，監査責任者および監査担当者としての十分な注意を持って行わなければならない。
	(他の監査機関との調整)
	第９条　監査役監査および会計監査人監査との重複を避け，監査情報を交換するために，監査室は随時，監査役または会計監査人と連絡・調整を行う。
	(監査計画)
	第10条　監査室長は，各事業年度開始に先立って「監査計画書」を作成し，社長の承認を得なければならない。
	2　監査責任者および監査担当者は，この監査計画に基づいて，時機を失することなく，秩序整然と監査を実施しなければならない。
	3　監査担当者は，監査の実施に先立ち，関係資料を参照して，調査項目に関する問題点およびその手続の検討を行うものとする。
監査対象範囲ごとに，対面もしくはオンラインのいずれかを採用するかを早いタイミングで定義します。被監査部門は監査の方法に対応した資料準備や環境手配を進めます。	(監査計画書の記載事項)
	第11条　監査計画書には，次の各号の事項を記載するものとする。
	(1) 監査の区分
	(2) 監査の種類
	(3) 監査実施期間
	(4) 監査日程
(5) 監査の方法(対面もしくはオンライン)	(5) 監査の方法
	(6) 監査担当者の氏名
	(7) 被監査部門名
	(8) その他必要な事項
	(監査の通知)
	第12条　監査は，原則として，「監査実施計画書」を被監査部門の部門長にあらかじめ通知して行うものとする。
	(被監査部門との連係)
	第13条　監査の担当者は，各部門が自己管理のために行う監査と密接な連係を保ち，監査を効率的に行うものとする。

新	旧
	（監査の実施） 第14条　監査は，監査実施計画書に基づき監査担当者が実施する。
第15条　監査は，原則として実地監査もしくはリモート環境を活用した現地状況確認により行う。ただし，状況により被監査部門から提出を受けた書類などの検討・審査による監査方法に代えることができる。	（監査の方法） 第15条　監査は，原則として実地監査により行う。ただし，状況により被監査部門から提出を受けた書類などの検討・審査による監査方法に代えることができる。
監査の高い証拠力を確保するうえでは，実地監査を原則とすべきなのはいうまでもありませんが，そのような対応が困難な状況に限定して，代替的な監査の方法を採用できるかどうかを検討します。	（監査結果に関する意見交換） 第16条　監査担当者は，監査における問題点などの確認のため必要あるときは，被監査部門ならびに関係部門と意見交換を行う。
	（監査調書の作成） 第17条　監査担当者は，実施した監査の方法・内容および結果などについて，詳細な監査調書を作成しなければならない。 2　監査調書の作成は，正確，明瞭かつ具体的に記載しなければならない。 3　監査調書は，慎重な注意をもって整理し，相当の期間保存し，社長の承認なくしてその全部または一部を部外者に示してはならない。
	（説明会の開催） 第18条　監査終了後，被監査部門に対して説明会を開催し，被監査部門から意見の具申があるときは，監査責任者および監査担当者は，十分その意見を聴取し，監査報告に役立てるものとする。
	（監査報告書の作成） 第19条　監査責任者は監査終了後，監査調書その他の合理的証拠に基づき，原則として３週間以内に「監査報告書」を作成し，社長に提出しなければならない。 2　被監査部門長への監査報告書の交付は，社長の承認を得たうえで，これを行う。
	（監査報告書の記載事項） 第20条　監査報告書には，次の事項を記載する。 (1)　監査の区分 (2)　監査の種類 (3)　監査実施期間 (4)　監査日程

新	旧
⑸　監査の方法（対面もしくはオンライン）	⑸　監査の方法 ⑹　監査担当者の氏名 ⑺　被監査部門名 ⑻　監査実施結果の概要および講評 ⑼　監査の結果についての意見および勧告事項（改善案を含む。） ⑽　その他，参考事項 （勧告に対する回答書） 第21条　監査報告書で改善勧告などがある場合，これを受理した被監査部門長は，改善実施の計画，実施する場合の内容・期限などを付して，回答書を監査室長に提出するものとする。 （回答書の確認） 第22条　被監査部門長より前第18条の回答書が提出された場合，監査室長は，意見のあるものについては直ちに審議し，再度意見を述べるものとし，実施事項については処置の確認を行うものとする。 （監査報告書の保管） 第23条　監査報告書ならびに報告書の作成資料は，10年間内部監査室において保管しなければならない。 （規程の改廃） 第24条　この規程の改廃は，「規程等管理規程」による。 付　　則 この規程は，○年○月○日から施行する。

Appendix 3

電子取引データの訂正及び削除の防止に関する事務処理規程（国税庁）

(法人の例)

電子取引データの訂正及び削除の防止に関する事務処理規程

第１章　総則

(目的)

第１条　この規程は，電子計算機を使用して作成する国税関係帳簿書類の保存方法の特例に関する法律第７条に定められた電子取引の取引情報に係る電磁的記録の保存義務を履行するため，○○において行った電子取引の取引情報に係る電磁的記録を適正に保存するために必要な事項を定め，これに基づき保存することを目的とする。

(適用範囲)

第２条　この規程は，○○の全ての役員及び従業員（契約社員，パートタイマー及び派遣社員を含む。以下同じ。）に対して適用する。

(管理責任者)

第３条　この規程の管理責任者は，●●とする。

第２章　電子取引データの取扱い

(電子取引の範囲)

第４条　当社における電子取引の範囲は以下に掲げる取引とする。

一　EDI取引

二　電子メールを利用した請求書等の授受

三　■■（クラウドサービス）を利用した請求書等の授受

四　・・・・・・

記載に当たってはその範囲を具体的に記載してください

（取引データの保存）

第５条　取引先から受領した取引関係情報及び取引相手に提供した取引関係情報のうち，第６条に定めるデータについては，保存サーバ内に△△年間保存する。

（対象となるデータ）

第６条　保存する取引関係情報は以下のとおりとする。

一　見積依頼情報

二　見積回答情報

三　確定注文情報

四　注文請け情報

五　納品情報

六　支払情報

七　▲▲

（運用体制）

第７条　保存する取引関係情報の管理責任者及び処理責任者は以下のとおりとする。

一　管理責任者　○○部△△課　課長　XXXX

二　処理責任者　○○部△△課　係長　XXXX

（訂正削除の原則禁止）

第８条　保存する取引関係情報の内容について，訂正及び削除をすることは原則禁止とする。

（訂正削除を行う場合）

第９条　業務処理上やむを得ない理由によって保存する取引関係情報を訂正または削除する場合は，処理責任者は「取引情報訂正・削除申請書」に以下の内容を記載の上，管理責任者へ提出すること。

一　申請日

二　取引伝票番号

三　取引件名

四　取引先名

五　訂正・削除日付

六　訂正・削除内容

七　訂正・削除理由

八　処理担当者名

2　管理責任者は，「取引情報訂正・削除申請書」の提出を受けた場合は，正当な理由があると認める場合のみ承認する。

3　管理責任者は，前項において承認した場合は，処理責任者に対して取引関係情報の訂正及び削除を指示する。

4　処理責任者は，取引関係情報の訂正及び削除を行った場合は，当該取引関係情報に訂正・削除履歴がある旨の情報を付すとともに「取引情報訂正・削除完了報告書」を作成し，当該報告書を管理責任者に提出する。

5　「取引情報訂正・削除申請書」及び「取引情報訂正・削除完了報告書」は，事後に訂正・削除履歴の確認作業が行えるよう整然とした形で，訂正・削除の対象となった取引データの保存期間が満了するまで保存する。

附則

（施行）

第10条　この規程は，令和○年○月○日から施行する。

Appendix 4

テレワークに関する情報収集に役立つ団体・ウェブサイト等

- 一般社団法人 日本テレワーク協会
  https://japan-telework.or.jp

- テレワークICT協議会
  http://www.telework-ict.info/

- 東京テレワーク推進センター
  https://tokyo-telework.jp

- IT導入補助金
  https://www.it-hojo.jp

- 総務省 テレワーク導入環境の整備
  https://www.soumu.go.jp/main_sosiki/joho_tsusin/telework/18028_03.html

- 厚生労働省 働き方・休み方改善ポータルサイト テレワークとは
  https://work-holiday.mhlw.go.jp/telework/

- 総務省 通信利用動向調査
  https://www.soumu.go.jp/johotsusintokei/statistics/statistics05a.html

【参考文献】

- 旬刊「経理情報」中央経済社
  No.1577 2020.5.1号
  No.1578 2020.5.10/20号
  No.1579 2020.6.1特大号
  No.1622 2021.9.20増大号
  No.1626 2021.11.1号
- 月刊「企業会計」中央経済社
  Vol.72 No.5 2020年５月号
- 週刊「経営財務」税務研究会
  No.3457 2020.5.18号
- 『阻害要因探しから始める 決算早期化のテクニック』金子彰良・笠原浩一著，中央経済社（2014年）
- 『クラウド・リスク・マネジメント』PwCあらた監査法人編，同文舘出版（2016年）
- 『経理高速化のための７つのITツール活用戦略』古旗淳一著，税務経理協会（2015年）
- 『「経理の仕組み」で実現する 決算早期化の実務マニュアル（第２版）』武田雄治著，中央経済社（2016年）

第２版あとがき

このあとがきを書いている2022年４月現在，政府の発した緊急事態宣言は全面解除され，一時的にではありますが感染拡大防止のための各種規制から解放されることで，私たちの生活は日常を取り戻しつつあります。ただ，新型コロナウイルスの脅威が完全に消え去ったわけではなく，いずれ日を置かずに変異株の猛威が世界に広がっていくことが予見されます。また，政情不安に伴う世界経済の停滞が将来に暗い影を落とし，先の見通しが立たず，私たちはより不確実な世界のなかで過ごしていくことを余儀なくされており，日々「判断」していかなければいけないのが現状です。感染拡大の影響は社会・政治・経済に長きにわたってダメージを与えていき，回復まではまだ長い時間が必要に思えます。

非常事態におけるワークスタイルのあるべき姿について，私たちが出した１つの解が本書で述べてきた「テレワーク」です。テレワークは働き方のバリエーションを増やすのみならず，制約がある社会のなかで，いかに経済をまわしていくべきかという課題に対する処方箋の１つとして，多くの企業で導入され，今後広まっていくことはあっても，廃れることは考えにくいでしょう。

在宅勤務やモバイルワークそしてシェアオフィスなど，さまざまな環境で仕事をする人が増えました。仕事の成果に視点を置いた評価がなされるようになるにつれ，そのような働き方も珍しいものではなくなりつつあります。テレワークというスタイルに慣れ親しんでいる人はそれほど抵抗なく，より快適でストレスの少ない働き方を追求していくことでしょう。一方でテレワークに馴染めない人はこのような環境の激変において新たに生じたストレスをどのように処理していくか悩んでいるかもしれません。しかし，この流れを不可逆なものととらえて，テレワーク時代に対応した自分の働き方のスタイルを自分で定義する時代が訪れつつあります。

私たち人間は環境の急変に対応することができないことも多く，いきなりテレワークといわれても振る舞いを急に変えるのは難しいこともあるでしょう。しかし，この流れは，就労環境の大きな改善機会でもあります。コロナ禍がなければ「テレワークを実施してみよう」「業務プロセスが機能するよう考えてみよう」というきっかけは生まれなかったのではないでしょうか。

この機会をチャンスととらえ，あなたの会社は「アフターコロナ」の世の中に対応するため変革していく道を選択するのか，それとも「アフターコロナ」の到来に伴って旧来の「会社に出社して働く」スタイルに逆戻りしていくのでしょうか。歴史の重大な局面において，私たちの仕事のスタイルも重大な変革期を迎えています。「アフターコロナ」にどのような世の中になっていくのかは，制約が多いなかでどれだけ前に向かって考え，実行したかによって決まってくるものと著者は確信しています。

「アフターコロナ」の時代に合った働き方とは何か。今日から考えてみませんか？

最後に。
本書は大切な家族の支えなしに完成することはできませんでした。執筆期間中のストレスに満ちた日々を乗り越える力を与えてくれた家族に改めて深く感謝するとともに，本書執筆中にその生涯を終えた家族には手向けの思いを捧げたいと思います。

2022年４月

著　　者

【著者紹介】

原　幹（はら・かん）

外資系監査法人にて会計監査や連結会計業務のコンサルティングに従事。ITベンチャー，ITコンサルティング会社を経て2007年に独立。
「経営に貢献するITとは？」というテーマを一貫して追求し，会計・IT領域の豊富な経験を生かしたコンサルティングやアウトソーシングサービスに従事。
ベンチャー・IT企業を中心にユーザー視点での支援に携わるほか，ベンチャー企業の社外監査役を歴任。コーポレート・ガバナンスにも精通し，講演・執筆実績多数。
主な著書に『「クラウド会計」が経理を変える！』（中央経済社），『ITエンジニアとして生き残るための会計の知識』（日経BP）などがある。
公認会計士・税理士・公認情報システム監査人（CISA）・公認不正検査士（CFE）。

1冊でわかる！
経理のテレワーク（第2版）

2020年10月1日　第1版第1刷発行
2022年6月25日　第2版第1刷発行

著　者　原　　幹
発行者　山　本　継
発行所　㈱中央経済社
発売元　㈱中央経済グループパブリッシング

〒101-0051　東京都千代田区神田神保町1-31-2
電話　03（3293）3371（編集代表）
03（3293）3381（営業代表）
https://www.chuokeizai.co.jp
印刷／三英印刷㈱
製本／㈲井上製本所

ISBN978-4-502-42051-1　C3034